Mireille Cifali / Francis Imbert

Freud und die Pädagogik

Bereits 1909 bemerkte Sigmund Freud die Auswirkungen seiner psychoanalytischen Theorie und Praxis auf die Bereiche Schule und Erziehung. Im regen Austausch mit August Aichhorn und Hans Zulliger entwickelte sich in den folgenden Jahren eine auf seine kulturtheoretischen Überlegungen gestützte psychoanalytische Pädagogik. Freud, Aichhorn und Zulliger beschäftigten sich mit der Anwendung der Psychoanalyse innerhalb von pädagogischen Institutionen wie Schulen und Heimen.

Cifali und Imbert erläutern den historischen Kontext psychoanalytisch-pädagogischer Basistexte und beleuchten umfassend ihre zeitgenössische Rezeption.

Die Autoren:

Mireille Cifali, Historikerin, Psychoanalytikerin, emeritierte Professorin für Erziehungswissenschaften an der Universität Genf.

Francis Imbert, Philosoph, Psychoanalytiker, ehemaliger Dozent am universitären Institut für Lehrerausbildung (IUFM) in Créteil.

Der Übersetzer:

Beat Manz, lic. phil., geb. 1957, Studium der Psychologie, Psychopathologie und der französischen Literatur in Zürich und Genf, seit 1989 Schulpsychologe im Fürstentum Liechtenstein. Ausbildung in psychoanalytischer Psychotherapie für Kinder und Jugendliche sowie in psychoanalytisch-systemischer Familientherapie. Psychotherapeut FSP (2006). Mitglied des Lacan-Archivs, Bregenz, und der *Association des Groupes de Soutien au Soutien*, Paris.

Mireille Cifali / Francis Imbert

Freud und die Pädagogik

Mit Texten von Sigmund Freud,
August Aichhorn und Hans Zulliger

Übersetzt und mit einem Anhang versehen
von Beat Manz

Brandes & Apsel

Deutsche Originalausgabe des 1998 bei Presses Universitaires de France
erschienenen Werkes *Freud et la pédagogie*
Copyright © 1998 by Presses Universitaires de France, 6, avenue Reille, 75685
Paris, cedex 14
All rights reserved.

Die Veröffentlichung dieses Buches wurde durch die Unterstützung folgender
Personen und Institutionen ermöglicht:

Sonja und Albert Nägeli, Zürich
Stiftung freie Assoziation VJW, Basel
Lacan-Seminar, Zürich

1. Auflage 2013
© Brandes & Apsel Verlag GmbH, Frankfurt a. M.
Alle Rechte vorbehalten, insbesondere das Recht der Vervielfältigung
und Verbreitung sowie der Übersetzung, Mikroverfilmung, Einspeicherung und
Verarbeitung in elektronischen oder optischen Systemen,
der öffentlichen Wiedergabe durch Hörfunk-, Fernsehsendungen
und Multimedia sowie der Bereithaltung in einer Online-Datenbank
oder im Internet zur Nutzung durch Dritte.
DTP und Umschlag: Franziska Gumprecht, Brandes & Apsel Verlag, Frankfurt a. M.
unter Verwendung eines Fotos von Lulu Müller *Aus einer ersten Primarschulklasse.*
Lehrer Peter Steiger, Freinet Gruppe Schweiz/ Groupe Suisse de l'École Moderne
Druck: STEGA TISAK, d.o.o., printed in Croatia
Gedruckt auf einem nach den Richtlinien des Forest Stewardship
Council (FSC) zertifizierten Papier.

Bibliografische Information Der Deutschen Nationalbibliothek:
Die Deutsche Nationalbibliothek verzeichnet diese Publikation in der
Deutschen Nationalbibliografie; detaillierte bibliografische
Daten sind im Internet über www.dnb.de abrufbar.

ISBN 978-3-95558-010-0

Inhalt

Einführung   9

Bescheidenheit der Erziehung

Eine organisch bedingte Entwicklung	13
Die unmögliche Befriedigung	15
Das Inzestverbot	18
Die Illusion des Fortschritts	22
Die Grenzen der Erziehung	23
Die symbolische Aufgabe	24

Das Verbot zu denken

Die Autoritäten	28
Das Geheimnis	29
Die infantilen Sexualtheorien	31
Weltanschauungen	34
Psychoanalytische Erziehung und Revolution	37
Welche Prophylaxe?	40

Das pädagogische Interesse

Das Anwendungsgebiet	43
Die Verteidigung der Laienanalyse	45
Lieber Pädagogen als Ärzte	46
Die besondere Arbeit der Erziehung	48
Anna und ihre gründliche Untersuchung	50

August Aichhorn und die Übertragung

Ein erzieherisches Milieu 55
Das Ichideal 59

Hans Zulliger und die Beziehung zum Lehrer

Eine Gemeinschaft und ihr Führer 62
Imaginäre und symbolische Identifizierung 65
Geständnisse, Bekenntnisse 68

Originaltexte

Sigmund Freud

Ein biologisch festgelegter Prozess

1. *Die Unlust, gebunden an den sexuellen Trieb* 74
2. *Etwas Organisches* 75

Ödipus

3. *Die Überwindung von Kindheitsresten* 76

Das Über-Ich

4. *Vom Elternpaar zum Schicksal* 79
5. *Das Über-Ich des Kindes baut auf dem Über-Ich der Eltern auf* 81

Der Konflikt zwischen dem Ich und der Sexualität

6. *Der psychische Konflikt* 83
7. *Zwei verschiedene Erziehungsstile.*
   Ein »Beispiel aus der Phantasie« 84
8. *Die »drei Wege«. Das Pferd von Schilda* 86

Die Grenzen der Erziehbarkeit oder das unerbittliche Unbehagen in der Kultur

9. *Das unmögliche goldene Zeitalter* 89
10. *Eine Illusion ohne Konsistenz* 92

Die Autoritäten

11. *Die Autorität der Eltern überwinden*   95
12. *Der »furor prohibendi«*   96

Das Verbot zu denken und seine Wirkungen

13. *Das Geheimnis*   98
14. *Der erste psychische Konflikt*   98
15. *Das den Frauen auferlegte Verbot zu denken*   100
16. *Die Infektion durch das Heilige*   100
17. *Eine Weltanschauung und ihre Geschlossenheit*   102

Ratschläge der Psychoanalyse an die Erziehung

18. *Die Sublimation begünstigen anstatt die Repression und die Verdrängung*   105
19. *Die Lebensfreude geben*   106
20. *Eine sexuelle und staatsbürgerliche Erziehung entwickeln*   107
21. *Das väterliche Haus verlassen*   109

Der kleine Hans

22. *Verständnisvolle Eltern*   110
23. *Seine Angst ausdrücken können*   111

Der Führer

24. *Massen mit Führer*   114
25. *Das Kinderzimmer, das Klassenzimmer und die Fans*   116

August Aichhorn

26. *Geleitwort Freuds zu »Verwahrloste Jugend«*   121
27. *Das Risiko der Unordnung*   122
28. *Die Einzigartigkeit*   125
29. *Die Aussprache*   126

Hans Zulliger

30. *Die Lehrer und die Psychoanalyse*	128
31. *Die »andere« Einstellung*	130
32. *»Der Lehrer hat kein Gefühl für das Kind.«*	133
33. *»Nervöse Schrift«*	136
34. *Die Liebe zum Chef*	139
35. *Die Macht der Faszination*	141
36. *Ein gemeinsamer Ausflug*	143
Bibliografie	147

Beat Manz
Geschichtlicher Abriss zur psychoanalytischen Pädagogik

Von den Anfängen bis zur Blütezeit	154
Die in die USA und nach England emigrierte psychoanalytische Pädagogik	161
Das Interesse an der psychoanalytischen Pädagogik in Deutschland, Österreich, der Schweiz und Frankreich nach 1945 bis heute	164
Entwicklungslinien der psychoanalytischen Pädagogik	179
Orte des helfenden Gesprächs	181
Bibliografie	184

Einführung

In einem Brief an Oskar Pfister vom 9. Februar 1909 erwähnt Freud den »Brand«, welchen die Psychoanalyse auf dem Gebiet der Erziehung zu verbreiten begonnen hat. Dieser Brand werde erlauben, den »Funken« der Psychoanalyse zu schüren, um ihn vor dem »Erlöschen« zu bewahren.[1] Es geht hier um das Schicksal der »Sache«. Jung schreibt am 1. Oktober 1909 an Freud: »Es ist erstaunlich, wie unter unsern Volksschullehrern sich unsere Sache verbreitet. Heute war ein junger Lehrer bei mir, der mich um Rat frug: er behandelt nämlich schon seit Monaten seine schwer hysterische Frau mit gutem Erfolg und auffallend viel Verständnis, dazu behandelt er auch einen seiner Schuljungen, der an einer Phobie leidet. Den Ärzten wird das Messer kaltblütig aus der Hand gewunden.«[2] Die Erziehung bildet eine neue Front, einen neuen Vorposten der »Sache«, die sich von den Fesseln der Medizin befreit. Einige Tage später schreibt Freud an Jung: »Aber wie Sie richtig sagen, man kann einen Brand nicht aufhalten. Den Ärzten geschieht ganz recht.«[3] Im selben Jahr, am 15. Dezember, gibt Freud anlässlich einer Sitzung der Wiener Psychoanalytischen Vereinigung der Hoffnung Ausdruck, »für die *Sammlung* einen Aufsatz zu bekommen, der die Eindrücke eines Pädagogen von einem Zusammentreffen mit der Psychoanalyse widerspiegelt.«[4] Es geht darum, für die »Sache« Boden zu gewinnen und Leser... Freud schreibt in einem Brief vom 2. Mai 1912

---

[1] Sigmund Freud/Oskar Pfister: Briefe 1909-1939. Frankfurt a. M., Fischer, 1963; S. 14.
[2] Sigmund Freud/C. G. Jung: Briefwechsel. Frankfurt a. M., Fischer, 1974, S. 272.
[3] Ibid., S. 275.
[4] Herman Nunberg/Ernst Federn (Hrsg.): Die ersten Psychoanalytiker. Protokolle der Wiener Psychoanalytischen Vereinigung, Band II, 1908-1910. Frankfurt a. M., 1977, S. 324.

an Pfister, dass es ihn reize, »an den Pädagogen einen neuen, sonst nicht erschlossenen Leserkreis zu gewinnen [...]. Unsere Expansionskraft unter den Medizinern ist leider arg beschränkt, es ist wichtig, außerhalb Fuß zu fassen, wo wir können.«[5] Am 23. Januar 1912 schreibt Jung an Freud: »Am 20.1. hatte ich vor *600* Lehrern einen Vortrag. Ich musste eineinhalb Stunden lang Ψα [Psychoanalyse] herausbrüllen wie weiland Rolands Horn.«[6]

Im Geleitwort zu Pfisters Buch, *Die psychanalytische Methode* von 1913, äußert Freud folgenden Wunsch: »Möge die Verwendung der Psychoanalyse im Dienste der Erziehung bald die Hoffnungen erfüllen, die Erzieher und Ärzte an sie knüpfen dürfen! Ein Buch wie das Pfisters, welches die Analyse den Erziehern bekannt machen will, wird dann *auf den Dank später Generationen rechnen können.*«[7] In demselben Sinne begrüßt er die Schaffung einer neuen Zeitschrift, 1926 von Heinrich Meng und Ernst Schneider gegründet, die *Zeitschrift für psychoanalytische Pädagogik*: »Sie verpflichten durch diese Schaffung eine große Zahl von Leuten zu Dankbarkeit.«[8] Wir verweisen schließlich auf das »Geleitwort« aus dem Jahr 1925 zu August Aichhorns Buch, *Verwahrloste Jugend*, oder auf die 6. Vorlesung der *Neuen Folge der Vorlesungen,* zwei Texte, auf die wir zurückkommen werden.

Wovon spricht Freud, wenn er diese »Anwendung« der Psychoanalyse zur Sprache bringt? Von der Kinderanalyse, die er so den Pädagogen-Analytikern anvertrauen möchte? Oder von einer Gruppenerziehung auf psychoanalytischer Grundlage? Die Antwort entbehrt keines Zweifels. Die Anwendung der Psychoanalyse auf die Erziehung ist für Freud im Allgemeinen gleichbedeutend mit »Kinderanalyse«. Das Individuelle steht über dem Kollektiven. Dennoch bleibt die Tatsache, dass die Entscheidung Freuds, sich den Pädagogen zuzuwenden, nicht ohne Auswirkungen auf

---

[5] Sigmund Freud/Oskar Pfister: Briefe 1909-1939. Op. cit., S. 56.
[6] Sigmund Freud/C. G. Jung, ibid., S. 535.
[7] Sigmund Freud: Geleitwort. In: Oskar Pfister: Die psychanalytische Methode. Leipzig und Berlin, Klinkhardt, 1913, S. VI; GW X, S. 450 (kursiv von C./I.).
[8] Zeitschrift für psychoanalytische Pädagogik, Wien, 1926-37. (Das Zitat befindet sich auf einem Promotionsexemplar; cf. Mireille Cifali: Freud pédagogue? Paris, InterÉditions, 1982, S. 40.)

das eigentliche Gebiet der Pädagogik sein wird: Eine »psychoanalytische Erziehung« wird das Tageslicht erblicken, welche sich von freudschen Theoriebildungen nähren wird. Auf der einen Seite wird sich Freud über diese »Anwendung« freuen können, auf der anderen wird man einwenden, er sei in gewisser Hinsicht von jenen überholt worden, die er aufgenommen hat. Dies bezeugt z. B. ein Artikel des Schweizer psychoanalytischen Pädagogen Hans Zulliger, der zum Andenken an Oskar Pfister schreibt: »Freud und ich blieben Freunde bis zu seinem Tod, obwohl er mit meiner Ansicht, wonach die psychoanalytische Erziehung viel eher eine kollektive und soziale Institution als eine Angelegenheit der individuellen Behandlung sei, nie einverstanden war. Bei mir verstärkte sich diese Überzeugung, je älter und erfahrener ich wurde: wenn ein Kind so krank wurde, dass es eine individuelle psychoanalytische Behandlung benötigte, überwies ich es an einen Kinderanalytiker. Ich habe immer zwischen psychoanalytischer Erziehung und Kinderanalyse unterschieden.«[9]

Einerseits kämpft Freud dafür, dass die Pädagogen die Erlaubnis erhalten, Psychoanalysen durchzuführen,[10] andererseits erklärt er sich als inkompetent, die Art, wie die analytischen Pädagogen oder pädagogischen Analytiker in ihren Klassen versuchen, die Entdeckungen der Psychoanalyse zur Geltung zu bringen, zu analysieren.

Das Interesse Freuds an der Erziehung ist wesentlich mit seiner Kulturtheorie verbunden. Wenn die Kultur die Folge einer unausweichlichen »Repression« oder eines »Triebverzichts« ist, die beide, wie sich herausstellt, zum Teil »organisch« bedingt sind, befindet sich die Erziehung in einer strategisch entscheidenden Lage: Sie operiert mitten im Herzen des Gegensatzes von »Trieb« und Kultur.[11]

Daraus folgt, dass die Erziehung die Verantwortung zugewiesen erhält,

---

[9] Hans Zulliger: Oskar Pfister (1873-1956), Psychoanalysis and Faith. In: F. Alexander u. a. (Ed.): Psychoanalytic Pioneers. New York, London, 1966, S. 172. (Ich übersetze aus dem Englischen, B. M.)

[10] Diesen Kampf, im Geleitwort zum Buch Pfisters begonnen, wird Freud im Jahr 1926 in der Schrift *Zur Frage der Laienanalyse* wiederaufnehmen.

[11] Cf. Paul-Laurent Assoun: Freud et les sciences sociales. Paris, Armand Colin, 1993, S. 135.

den »Triebverzicht« zu unterstützen, der die Grundlage der Zivilisation bildet und das ganze Ausmaß der zerstörerischen – Neurosen bildenden – Wirkungen der exzessiven »Triebbeschränkung«, der allzu belastenden kulturellen Ideale abzuschätzen, die dazu führen, dass ein jeder, »psychologisch verstanden, über seine Mittel«, in einer »Art von Heuchelei« lebt.[12]

Man versteht also, dass die Aufgabe der Psychoanalyse im Gebiet der Erziehung keine andere sein kann, als das Gewicht und den Einfluss dieser »Heuchelei« zu vermindern, oder aber »zu erfahren, welchen Anteil die unzweckmäßige einsichtslose Strenge der Erziehung an der Erzeugung von nervöser Krankheit hat«.[13] 1909, im zweitletzten Abschnitt der *Analyse einer Phobie eines fünfjährigen Knaben,* des »kleinen Hans«, unterstreicht Freud, dass die Erziehung »sich bisher immer nur die Beherrschung, oft richtiger Unterdrückung der Triebe zur Aufgabe gestellt [hat]; der Erfolg war kein befriedigender [...]. Substituiert man dieser Aufgabe eine andere, das Individuum mit der geringsten Einbuße an seiner Aktivität kulturfähig und sozial verwertbar zu machen, so haben die durch die Psychoanalyse gewonnenen Aufklärungen über die Herkunft der pathogenen Komplexe und über den Kern einer jeden Neurose eigentlich den Anspruch, vom Erzieher als unschätzbare Winke für sein Benehmen gegen das Kind gewürdigt zu werden.« Der Abschnitt endet mit zwei Fragestellungen: »Welche praktischen Schlüsse sich hieraus ergeben, und inwieweit die Erfahrung die Anwendung derselben innerhalb unserer sozialen Verhältnisse rechtfertigen kann, dies überlasse ich anderen zur Erprobung und Entscheidung.«[14]

---

[12] Sigmund Freud (1915): Zeitgemäßes über Krieg und Tod. GW X, S. 236.
[13] Sigmund Freud (1913): Das Interesse an der Psychoanalyse. In: Darstellungen der Psychoanalyse. GW VII, S. 420.
[14] Sigmund Freud (1909): Analyse der Phobie eines fünfjährigen Knaben. GW VII, S. 376-377.

Bescheidenheit der Erziehung

Wie Freud 1908 in *Die kulturelle Sexualmoral und die moderne Nervosität* über die Quellen der »Nervosität«[15] nachdenkt, klagt er sogleich die soziale Moral und den unaufhörlichen Kampf gegen die Sexualität an. Freud unternimmt es jedoch, die Auswirkungen des Zivilisationsprozesses über die Kritik an der »aktuellen« Gesellschaft hinaus zu erhellen. Sehr schnell, sogar noch vor der Entdeckung der Erscheinungsweisen der kindlichen Sexualität, welche die *Drei Abhandlungen zur Sexualtheorie* darlegen, scheint für Freud das »Unbehagen in der Kultur« der kulturellen Entwicklung, verstanden in ihrer grundlegenden Auffassung als Denaturierung oder auch Humanisierung, eingeschrieben. Das heißt, dass keine Reform, keine Entschärfung der Sittenstrenge, keine Erziehungsstrategie ohne einer »Illusion« nachzuhängen behaupten könnte, die Unzufriedenheit wirklich aufzuheben, die die menschliche Sexualität kennzeichnet. Freud konfrontiert uns, angesichts dieses Schicksals der kulturellen Entwicklung und der »Unzufriedenheit«, die sich daraus ergibt, mit dem, was Lacan als Beziehung zwischen Gesetz und Begehren[16] ausarbeiten wird, mit der notwendigen Kastration oder aber dem unreduzierbaren, dem »Sprachwesen« aufgenötigten Verlust des Genießens.

Eine organisch bedingte Entwicklung

Wie die *Drei Abhandlungen zur Sexualtheorie* hervorheben, ist die Entwicklung des Kindes zu einem großen Teil »organisch bedingt«. Auch wenn die »Hemmnisse«, die »Dämme« gegen die Sexualität – der Ekel, die Moral – welche sich während der Phase der Latenz aufbauen, ohne Zweifel

---

[15] Sigmund Freud: GW VII, S. 141-167.
[16] Jacques Lacan: Subversion des Subjekts und Dialektik des Begehrens im Freudschen Unbewussten. In: Ders., Schriften II, Olten, Walter, 1975, S. 204.

von der Erziehung abhängen, folgen sie dennoch einer körperlich vorgegebenen Entwicklung. Daraus folgt: »Die Erziehung verbleibt durchaus in dem ihr angewiesenen Machtbereich, wenn sie sich darauf einschränkt, das organisch Vorgezeichnete nachzuziehen und es etwas sauberer und tiefer auszuprägen.«[17]

Diese »psychischen Dämme«, diese »Konstruktionen«, so bedeutsam »für die spätere persönliche Kultur und Normalität«, bauen sich »auf Kosten der infantilen Sexualregungen« auf, deren Energie von den sexuellen Zielen abgelenkt und auf neue Ziele hingewendet wird. Es handelt sich hierbei um den Vorgang der »Sublimierung«. Diese »Sublimierung« der sexuellen Regungen erfolgt daher, weil 1.) die Fortpflanzungsfunktionen in dieser Phase aufgeschoben sind; 2.) diese Erregungen »an sich pervers« wären und deshalb »nur Unlustempfindungen hervorrufen könnten«. Die sexuellen Regungen »rufen daher seelische Gegenkräfte (Reaktionsregungen) wach, die zur wirksamen Unterdrückung solcher Unlust die erwähnten psychischen Dämme: Ekel, Scham und Moral, aufbauen«.[18] Schon in einem Brief an Fließ vom 1. Januar 1896 entwickelt Freud die Hypothese, dass die Moralität von der Natur des Sexualtriebes selbst herrühre, von seinen »Unlust«-Wirkungen. Diese »Unlust« würde »Ekel- und Schamgefühle« stimulieren. Dem Sexualtrieb wohne eine »Unlust« inne, welche zur »Verdrängung« dieses Triebes und somit zur Entwicklung der Moralität beitrage (Text 1 der Originaltexte).

Am 14. November 1897 präzisiert Freud in einem Brief an Fließ den Ursprung der »Unlust« innerhalb der Sexualität: »Etwas Organisches« wirkt bei der Verdrängung mit, ausgelöst durch die aufrechte Stellung des Körpers und der Entfernung der analen Zone und deren Beziehungen zu den Mund- und Rachenzonen (Text 2). Aus dieser organischen Verdrängung folgt unerbittlicherweise eine Verstümmelung der Sexualität. Freud präzisiert, dass sich die Verdrängung auf die »Erinnerung« des »stinkenden Objekts« bezieht. Diese »Erinnerung« löst eine Erregung inneren Ursprungs aus und wird zur Unlustquelle.

---

[17] Sigmund Freud (1905): Drei Abhandlungen zur Sexualtheorie. GW V, S. 78.
[18] GW V, S. 79.

Wie Catherine Millot betont, »schreitet [Freud] hier zu einer totalen Umkehrung des Problems fort. Nicht die Moralität soll am Ursprung der Verdrängung der Sexualität stehen, sondern aus der Natur des Sexualtriebs soll die Moralität hervorgehen. (...) Die Moralität ist nur eine der Waffen unter anderen, deren sich die Menschen bedienen, um ihre Sexualität abzuwehren...«[19] Wenn sich diese Abwehr in die Entwicklung der Kultur als das einschreibt, was erlaubt, zu einem eigentlich menschlichen Niveau der Entwicklung voranzuschreiten, so erweist sie sich gleichzeitig als Ursache von Neurosen.

Wir befinden uns hier an einer Grenze zwischen einer »normalen Abwehr«, aus der sich eine »Vielfalt von intellektuellen Prozessen« ergeben kann, und einer »pathologischen Abwehr«, so wie die Psychoneurosen sie illustrieren.[20] Die *Studien über Hysterie* hatten 1895 aufgedeckt, dass die Hysterie das Ergebnis eines Konfliktes zwischen dem Ich und einer »unvereinbaren« Vorstellung sei. In allen Fällen von Abwehr-Neuropsychosen (Hysterie, Zwangsneurose, Paranoia) entwickelt sich die pathologische Verdrängung gegen die innere Bedrohung, die aus dem sexuellen Trieb herrührt, genauer, aus einer Komponente dieses Triebs.

Die unmögliche Befriedigung

Das Vorhandensein einer dem Sexualtrieb innewohnenden Unlust wird von neuem in einem Text von 1912 aufgegriffen, *Über die allgemeinste Erniedrigung des Liebeslebens*: »Ich glaube, man müsste sich, so befremdend es auch klingt, mit der Möglichkeit beschäftigen, dass etwas in der Natur des Sexualtriebes selbst dem Zustandekommen der vollen Befriedigung nicht günstig ist.«[21] Freud weist auf zwei Momente hin, »die man

---

[19] Catherine Millot: Freud, Anti-Pädagoge. Berlin-Wien, Medusa, 1982, S. 20.
[20] Cf. Entwurf einer Psychologie. In: Aus den Anfängen der Psychoanalyse. GW Nachtragsband, S. 373-486.
[21] Sigmund Freud: Über die allgemeinste Erniedrigung des Liebeslebens. GW VIII, S. 89.

für solche Schwierigkeiten verantwortlich machen kann«: 1. die Tatsache, dass die Entwicklung der Sexualität in zwei Phasen fällt, welche die »Dazwischenkunft der Inzestschranke« trennt, das heißt der zwingende Durchgang durch den Ödipuskomplex und seine Lösung mit der Folge, dass »das endgültige Objekt des Sexualtriebes nie mehr das ursprüngliche [die Mutter], sondern ein Surrogat dafür [ist]«. Das ursprüngliche Objekt wurde verdrängt, es wurde »durch eine unendliche Reihe von Ersatzobjekten vertreten, von denen doch keines voll genügt«. 2. die Tatsache, dass der Sexualtrieb in mehrere Komponenten zerfällt, wobei nicht alle diese Komponenten in die spätere Gestaltung eingegliedert werden können. Vor allem die »koprophilen Triebanteile« erweisen sich als unvereinbar mit den Anforderungen der Kultur, wegen des Prozesses der Entwicklung selbst, welcher dem Übergang zur aufrechten Körperhaltung entspricht. Und dennoch: »Das Exkrementelle ist allzu innig und untrennbar mit dem Sexuellen verwachsen«.

Von daher rührt die unmögliche Versöhnung zwischen den Anforderungen der Kultur und den Ansprüchen des Sexualtriebes. Die Zivilisation geht mit einem Zustand der Unzufriedenheit einher; zu ihr gehört das Moment, dass sich der Sexualtrieb als unfähig erweist, den Menschen die »volle Befriedigung« zu verschaffen. Das geht so weit, dass man, wie Freud schreibt, die trübste Prognose stellen könnte: die Gefahr des Erlöschens des Menschengeschlechts. Aber er fügt an, dass diese Unmöglichkeit, zu einer »vollen Lustbefriedigung« zu gelangen, »die Quelle der großartigsten Kulturleistungen« wird. Gerade weil sie die »volle Lustbefriedigung« nicht erfahren, bringen die Menschen den kulturellen Fortschritt zustande, denn sonst kämen sie von ihr nicht los. Dieser Fortschritt, diese immer weiter vorangetriebene Entwicklung der Zivilisation, geschieht durch die Sublimierung der Triebkomponenten. Tatsache ist, dass diese »Sublimation« nicht allen Individuen gelingt; den »Schwächeren« bleibt keine andere Lösung als jene der Verdrängung und der Neurose.

Diese Texte verunmöglichen, die Schriften Freuds zu den repressiven Wirkungen der »aktuellen« Kultur vereinfachend zu lesen. Wenn Freud hervorhebt, dass die Kultur – ihre Moral und ihre erzieherischen Vorschriften – die Sexualität verstümmelt und also die Psychoneurosen (Hysterie,

Zwangsneurose, Paranoia) hervorbringt, darf man nicht vergessen, dass es für ihn nicht darum geht, Ideen zu Reformen zu entwerfen, die »das Unbehagen in der Kultur« gänzlich reduzieren könnten, wie das etwa diejenigen versuchen werden, die man die Post-Freudianer nennen wird (Reich, Marcuse). Dieses »Unbehagen« wohnt der Sexualität selbst inne: die Quelle des Genießens ist durch Unzufriedenheit gezeichnet.

Daraus folgt eine gewisse Bescheidenheit sozialpolitischen wie erzieherischen Reformprojekten gegenüber: Weder die einen noch die anderen könnten das »Unbehagen« auflösen. Dies ist es, was *Das Unbehagen in der Kultur* 1930 festhält, nachdem Freud alle nötigen »Veränderungen« erwähnt hat, welche die Last der Unbefriedigung erleichtern könnten: »Wir dürfen erwarten, allmählich solche Abänderungen unserer Kultur durchzusetzen, die unsere Bedürfnisse besser befriedigen [...] Aber vielleicht machen wir uns auch mit der Idee vertraut, dass es Schwierigkeiten gibt, die dem Wesen der Kultur anhaften und die keinem Reformversuch weichen werden.«[22] Von da her rührt die Unmöglichkeit der »vollen Befriedigung«.

Freud verweist hier in einer Fußnote auf die menschliche Bisexualität, die dazu führt, dass die »normale« sexuelle Befriedigung immer verstümmelt ist, und, nochmals, auf die Aufrichtung zur senkrechten Haltung: »So ergäbe sich als tiefste Wurzel der mit der Kultur fortschreitenden Sexualverdrängung die organische Abwehr der mit dem aufrechten Gang gewonnenen neuen Lebensform gegen *die frühere animalische Existenz* [...]«.[23] Die Menschheit bildet sich in Abgrenzung zur »animalischen Existenz«. Diese Bildung ist konfliktträchtig; die vorangegangenen Etappen sind nicht ausgelöscht.

Jenseits des biologischen Kontextes dieser »organischen Verdrängung« gibt sich im Text Freuds etwas zu erkennen, das die innere Beziehung zwischen Menschwerdung und Verbot, oder auch, zwischen Begehren und dieser Unmöglichkeit des Genießens betrifft. In seinem Text aus dem Jahr 1912 bemerkt Freud, dass die Antwort auf die »ursprüngliche Unbefriedigung« des sexuellen Genießens nicht durch eine »unbegrenzte, von Anfang

---

[22] Sigmund Freud (1930): Das Unbehagen in der Kultur. GW XIV, S. 475.
[23] GW XIV, S. 466 (Kursivsetzung durch C./I.).

gewährte sexuelle Freiheit« aufgehoben werden könne, denn »es bedarf eines Hindernisses, um die Libido in die Höhe zu treiben, und wo die natürlichen Widerstände gegen die Befriedigung nicht ausreichen, haben die Menschen zu allen Zeiten konventionelle eingeschaltet, um die Liebe genießen zu können.«[24]

Man kann nicht stärker ausdrücken, dass sich das Menschliche vom Verbot her erarbeitet.

Hinausgehend über die Kritik, die er gegen die repressiven Seiten der aktuellen Kultur ins Felde führt, leitet uns Freud so zum »Wesen dessen, was den Menschen von der Tierheit trennt und das konstituiert wird durch die Gesetze des sozialen Tauschs, deren Bedingungen Lévi-Strauss im Inzestverbot gesehen hat.«[25]

Das Inzestverbot

Die »Zivilisation« als Heraufkunft des Menschlichen setzt voraus, dass es sich hierbei nicht mehr um ein konjunkturelles, sondern um ein strukturelles Register handelt, um eine grundlegende Repression der Triebe: »Jeder Einzelne hat ein Stück seines Besitzes, seiner Machtvollkommenheit, der aggressiven und vindikativen Neigungen seiner Persönlichkeit abgetreten«.[26] Die *Drei Abhandlungen zur Sexualtheorie* schlossen mit der Erwähnung des »gegensätzlichen Verhältnisses von Kultur und freier Sexualentwicklung«.[27] Dieser »Verzicht«, präzisiert der Text von 1908, geleistet im Verlauf der »Kulturentwicklung«, wurde von der Religion sanktioniert: der Teil der Befriedigung, auf welchen man verzichtet hatte, wurde der »Gottheit« dargeboten. Diese Gedankenlinie, zum ersten Mal am 31.

---

[24] Sigmund Freud (1912): Über die allgemeinste Erniedrigung des Liebeslebens. GW VIII, S. 88.
[25] Catherine Millot, op. cit., S. 38.
[26] Sigmund Freud (1908): Die »kulturelle« Sexualmoral und die moderne Nervosität. GW VII, S. 149.
[27] Sigmund Freud (1905): Drei Abhandlungen zur Sexualtheorie. GW V, S. 144.

Mai 1897 im »Manuskript N« formuliert, unterstützt die Erarbeitung zweier freudscher Mythen: des ödipalen und jenes von *Totem und Tabu*.

Freud notiert im Jahr 1897: »›Heilig‹ ist, was darauf beruht, dass die Menschen zu Gunsten der größeren Gemeinschaft ein Stück ihrer sexuellen Perversionsfreiheit geopfert haben.«[28] Unmittelbar danach kann Freud Rechenschaft über die Gründe der »Abscheu vor dem Inzest« ablegen: »Er ist also antisozial – Kultur besteht in diesem fortschreitenden Verzicht.«[29] Das Menschliche, so kann man hier verstehen, entwickelt sich ausgehend von einem grundlegenden »Opfer«, jenes der Allmacht und des vollständigen Genießens.

Daher ist die entscheidende Funktion des Mythos von Ödipus, dessen Entdeckung Freud am 15. Oktober 1897 Fließ mitteilt, »das Subjekt in die Kastration einzuführen«.[30] Der »Ödipuskomplex« »bezieht seine Wirksamkeit aus der Einführung einer verbietenden Instanz (Verbot des Inzests), die den Zugang zur natürlich gesuchten Befriedigung verschließt und den Wunsch und das Gesetz untrennbar miteinander verknüpft«.[31] Die »Bewältigung seines Ödipuskomplexes« ermöglicht dem Individuum, schreibt Freud, »seine Libido aus ihren infantilen Bindungen in die endgültig erwünschten sozialen überzuleiten«.[32]

Am Ende geht es um die »Überwindung von Kindheitsresten«. (Text 3, Text 21).

Was den Mythos von *Totem und Tabu* betrifft und seine Darstellung des allmächtigen und uneingeschränkt genießenden Urvaters, der alle Frauen für sich behielt und den die versammelten Söhne totschlagen, so »besteht dieser Bezug zum mythischen Vater grundsätzlich darin, das Absolute auf Distanz zu halten, indem aus diesem Vater ein Hinweiszeichen der absoluten Referenz gemacht wird. Das heißt, jedem konkreten Vater kommt *ipso*

---

[28] Sigmund Freud: Aus den Anfängen der Psychoanalyse. Frankfurt a. M., Fischer 1962, S. 182.
[29] Ibid.
[30] Michel Sylvestre: Demain, la psychanalyse. Paris, Seuil, 1993, S. 253.
[31] Jean Laplanche/Jean-Bertrand Pontalis: Das Vokabular der Psychoanalyse. Frankfurt a. M., Suhrkamp, 1972, »Ödipuskomplex«, S. 355.
[32] Sigmund Freud: Kurzer Abriss der Psychoanalyse (1924/28). GW XIII, S. 426.

facto nur ein limitierter Status zu, nämlich der Status, *gerade nicht* das *Absolute* zu sein.«[33]

Dieser mit dem Genießen identifizierte und damit außerhalb des Gesetzes stehende Vater wurde nach seinem Tod zum *symbolischen Vater* erhoben, zu jenem, der die Gesetze gegründet und die Verbote eingeführt hat. Und wirklich – als die Söhne ihr Verbrechen begangen und den Vater verzehrt hatten, entstand »ein Schuldbewusstsein«, empfanden sie »Reue«. »Der Tote wurde nun stärker, als der Lebende gewesen war.«[34] Er wurde mächtiger, »weil es der *tote Vater* ist, der rückwirkend seinen Söhnen *die Institution des Inzestverbotes* aufnötigt«:[35] »Was er früher durch seine Existenz verhindert hatte, das verboten sie sich jetzt selbst«. Sie entscheiden sich, »– vielleicht nach Überwindung schwerer Zwischenfälle – das Inzestverbot aufzurichten, mit welchem sie alle zugleich auf die von ihnen begehrten Frauen verzichteten, um derentwegen sie doch in erster Linie den Vater beseitigt hatten.«[36] Die Einrichtung des Totemismus, bei dem sich »das Tier als natürlicher und nächstliegender Ersatz des Vaters« anbot, wird den Versuch unterstützen, »das brennende Schuldgefühl zu beschwichtigen, eine Art von Aussöhnung mit dem Vater zu bewerkstelligen«. In *Massenpsychologie und Ich-Analyse* schreibt Freud: »...doch war die neue Familie nur ein Schatten der alten, der Väter waren viele, und jeder durch die Rechte des anderen beschränkt.«[37]

Den Grund dieser »Aussöhnung mit dem Vater« ortet Freud in der Ambivalenz des »Vaterkomplexes«. Die rebellierenden Söhne »hassten« den Vater, sie »liebten und bewunderten« ihn gleichzeitig. Hieran knüpft sich eine *Schuld* in Bezug auf den Tyrannen, »die nichts ganz wegwischen können wird, es sei denn, [...] indem man ihn von nun an *symbolisch* verehrt,

---

[33] Pierre Legendre: Das Verbrechen des Gefreiten Lortie. Abhandlung über den Vater. Lektion VIII. Freiburg im Breisgau, Rombach 1998, S. 127 (Französisches Original 1989).

[34] Sigmund Freud (1912): Totem und Tabu. GW IX, S. 173.

[35] Joël Dor: Le père et sa fonction en psychanalyse. Paris, Point Hors Ligne, 1989, S. 43 (kursiv im Original).

[36] Sigmund Freud (1912): Totem und Tabu. GW IX, S. 174.

[37] Sigmund Freud (1921): Massenpsychologie und Ich-Analyse. GW XIII, S. 152.

mit dem Preis eines Verbots, dem man den Kult eines ›nachträglichen Gehorsams‹ widmen wird.«[38]

In *Das Unbehagen in der Kultur* (1930) schreibt Freud, dass, wenn auch die Kultur »nicht allein der Sexualität, sondern auch der Aggressionsneigung des Menschen« große Opfer auferlegt, es der Urmensch besser hatte, »da er keine Triebeinschränkungen kannte«.[39] Aber er fügt sofort bei: 1 / »Wir wollen aber nicht vergessen, dass in der Urfamilie nur das Oberhaupt sich solcher Triebfreiheit erfreute«[40] 2 / »Über den heute lebenden Primitiven haben wir durch sorgfältigere Erkundung erfahren, dass sein Triebleben keineswegs ob seiner Freiheit beneidet werden darf; es unterliegt Einschränkungen von anderer Art, aber vielleicht von größerer Strenge als das des modernen Kulturmenschen.« So verschwindet die Hypothese eines Zustandes vor dem Gesetz und vor dem Verbot, in dem der Mensch ein Genießen ohne Einschränkungen gekannt hätte.

Im Verlauf der kulturellen Entwicklung stellt die »Zivilisation« zusätzliche Bedingungen an die Triebbefriedigung, die über das hinausgehen, was für ihre strukturierende Funktion nötig war. Damit trübt sie den Erfolg und erzeugt die »Nervosität«. Der Sexualtrieb, eine Ansammlung von Partialtrieben, soll nicht als der radikale Feind der Kultur verstanden werden: »Er stellt der Kulturarbeit außerordentlich große Kraftmengen zur Verfügung, und dies zwar infolge der bei ihm besonders ausgeprägten Eigentümlichkeit, sein Ziel verschieben zu können, ohne wesentlich an Intensität abzunehmen. Man nennt diese Fähigkeit, das ursprünglich sexuelle Ziel gegen ein anderes, nicht mehr sexuelles, aber psychisch mit ihm verwandtes, zu vertauschen, die Fähigkeit zur *Sublimierung*.«[41] Der Text präzisiert, dass »dieser Verschiebungsprozess« seine Grenzen hat, dass eine bestimmte Dosis an »direkter« sexueller Befriedigung unerlässlich ist, ohne die der Mensch erkranken kann (Text 8 und 18).

---

[38] Joël Dor, op. cit., S. 42 (kursiv im Original).
[39] Sigmund Freud (1930): Das Unbehagen in der Kultur. GW XIV, S. 474.
[40] GW XIV, S. 474 und 475.
[41] Sigmund Freud (1908): Die »kulturelle« Sexualmoral und die moderne Nervosität. GW VII, S. 150 (kursiv im Original).

Die Illusion des Fortschritts

Freud greift in den Monaten März-April des Jahres 1915 einen weiteren Aspekt der zur Lebenszeit der Menschen stattfindenden kulturellen Entwicklung auf, anlässlich der Erörterung des Themas der »Enttäuschung, die dieser Krieg hervorgerufen hat«.[42] In Wirklichkeit gibt es nur da eine »Enttäuschung« hinsichtlich der Gräuel des Krieges, wo eine »Illusion« wirksam gewesen ist: Die Enttäuschung ist nichts anderes als die »Zerstörung einer Illusion«. Es liegt daher nahe, die Funktion der »Illusion« zu hinterfragen: »Illusionen empfehlen sich uns dadurch, dass sie Unlustgefühle ersparen und uns an ihrer Statt Befriedigungen genießen lassen. Wir müssen es dann ohne Klage hinnehmen, dass sie irgendeinmal mit einem Stücke der Wirklichkeit zusammenstoßen, an dem sie zerschellen.«[43]

Die Illusion, die anlässlich des Krieges zerschellt ist, beruht auf dem Glauben an einen menschlichen Entwicklungsvorgang, bei welchem »die bösen Neigungen des Menschen in ihm ausgerottet und unter dem Einflusse von Erziehung und Kulturumgebung durch Neigungen zum Guten ersetzt werden«. Der Glaube an diese Art von Entwicklung, die in ihm jede Spur des »Bösen« wegwischen würde – das ist die Illusion. Wenn das Böse wieder erscheint, so daher, weil es nie »ausgerottet« worden ist. Welche Kraft auch immer im Entwicklungsvorgang wirkt, er wird die »egoistischen Triebe« nie zum Verschwinden bringen. Wir befinden uns hier vor einer »Eigentümlichkeit« der seelischen Entwicklung, die man bei keinem anderen Entwicklungsvorgang findet: »...jede frühere Entwicklungsstufe [bleibt] neben der späteren, die aus ihr geworden ist, erhalten.«[44] Die primitiven Zustände sind »unvergänglich«. Sie können immer wieder hergestellt werden. Es handelt sich hierbei um eine »besondere Fähigkeit zur Rückbildung« zur »Regression«. Daher folgt, dass die »Triebumbildung«, auf welcher unsere »Kultureignung« beruht, durch Ereignisse, unter denen

---

[42] Sigmund Freud (1915): Zeitgemäßes über Krieg und Tod. GW X, S. 325 (gemeint ist der Erste Weltkrieg – Anm. des Übersetzers).
[43] GW X, S. 331.
[44] GW X, S. 337.

der Krieg einen entscheidenden Platz einnimmt, wieder aufgelöst werden kann.

Es ist deshalb unangebracht, »allen jenen, die sich gegenwärtig unkulturell benehmen, die Kultureignung abzusprechen, und dürfen erwarten, dass sich ihre Triebveredlung in ruhigeren Zeiten wiederherstellen wird.«[45] Die Menschen sind »nicht so tief gesunken, wie wir fürchten, weil sie gar nicht so hoch gestiegen waren, wie wir's von ihnen glaubten«.[46]

Die Grenzen der Erziehung

Aus diesen verschiedenen Analysen kann man schließen, dass die Erziehungsarbeit an bescheidenen Erwartungen gemessen werden soll. Die Entwicklung, die das Werden des »Kulturkindes« unterstützt, ist »organisch bedingt, hereditär fixiert«;[47] die Erziehung soll in diejenige Richtung gehen, die von dieser Entwicklung vorgespurt wurde. Sie soll sich gewissermaßen darauf beschränken, »das organisch Vorgezeichnete nachzuziehen«.[48]

Die Erziehung wird dann mehr oder weniger gefährlich, wenn sie sich gegen diese Entwicklung auflehnt oder ihren Rhythmus um jeden Preis beschleunigen will. Die Eltern und die Erzieher kennen die Wichtigkeit der sexuellen und aggressiven Triebe des Kindes nicht oder tun so, als hätten sie sie vergessen. Sie unterdrücken deren Äußerungen und unterbinden jede Untersuchung der Geheimnisse des Lebens. So entstehen Schwierigkeiten, die zu neurotischer Erkrankung führen können. In seinem Text »Das Interesse an der Psychoanalyse« von 1913 schreibt Freud, dass die »gewalttätige Unterdrückung starker Triebe von außen« nicht nur nicht dazu führt, diese zu zügeln, sondern »eine Verdrängung [erzielt], welche die Neigung zu späterer neurotischer Erkrankung setzt«[49] (Text 18). Am 20. und 27. Ap-

---

[45] Sigmund Freud (1915): Zeitgemäßes über Krieg und Tod. GW X, S. 338.
[46] GW X, S. 336.
[47] Sigmund Freud (1905): Drei Abhandlungen zur Sexualtheorie. GW V, S. 78.
[48] Ibid.
[49] Sigmund Freud (1913): Das Interesse an der Psychoanalyse. GW VIII, S. 420.

ril 1910 widmete sich die Wiener Psychoanalytische Vereinigung der Frage des Schülerselbstmordes. Freud hatte die Diskussion angestoßen, indem er betonte, dass die Eltern und Erzieher es ertragen sollten, wenn die Pubertierenden »in gewissen, selbst unerfreulichen Entwicklungsstadien«[50] verweilen. Eltern und Erzieher wollen »Modellkinder«, die in jeder Hinsicht der Norm entsprechen; aseptische, entsexualisierte Kinder, die ihnen den »Frieden« garantieren. Das führt soweit, dass sie in ihnen die »Lust zum Leben« abtöten (Text 19).

Die »asozialen und perversen Triebe des Kindes« ergeben »wertvolle Beiträge zur Charakterbildung«, »wenn sie nicht der Verdrängung unterliegen, sondern durch den Prozess der sogenannten *Sublimierung*, von ihren ursprünglichen Zielen weg zu wertvollen gelenkt werden«.[51]

Zu diesem Sublimierungsprozess bemerkt Freud in *Ratschläge für den Arzt bei der psychoanalytischen Behandlung*, dass er ohne jeden erzieherischen Zwang zustande kommt und sich bei Personen, die in ihrer Entwicklung gehemmt sind, »von selbst zu vollziehen pflegt, sobald ihre Hemmungen durch die Analyse überwunden sind.«[52] Es obliegt der Erziehung, »sich vorsorglich [zu] hüten, diese kostbaren Kraftquellen zu verschütten und sich darauf zu beschränken, die Prozesse [zu] befördern, durch welche diese Energien auf gute Wege geleitet werden.«[53]

Die symbolische Aufgabe

Diese Position Freuds, die das Gebiet der Erziehung selbst ebenso betrifft wie die Intervention des Psychoanalytikers, hat Catherine Millot dazu geführt, auf die »Negative Erziehung« Rousseaus hinzuweisen. Ohne hier auf

---

[50] Sigmund Freud (1910): Zur Einleitung der Selbstmord-Diskussion. GW VIII, S. 63.
[51] Sigmund Freud (1913): Das Interesse an der Psychoanalyse. GW VIII, S. 420.
[52] Sigmund Freud (1912): Ratschläge für den Arzt bei der psychoanalytischen Behandlung. GW VIII, S. 385.
[53] Sigmund Freud (1913): Das Interesse an der Psychoanalyse. GW VIII, S. 420.

die Analyse dieser Erwähnung Rousseaus einzugehen, möchten wir daran erinnern, dass einer der wesentlichen Beiträge des *Emile* darauf beruht, Vermittlungsmöglichkeiten einzurichten. Die Absicht solcher Vermittlungsmöglichkeiten besteht darin, eine »Realitätsprüfung«, die auf einer Gegenüberstellung mit dem *Gesetz* beruht, vorzunehmen.

Catherine Millot hebt diese symbolische Aufgabe der Erziehung (als Vermittlung) als eine entscheidende hervor. Jedoch, ihr Anliegen, die imaginäre – narzisstische – Neigung der Erziehung zu betonen, führt sie dazu, sie nicht gebührend zu würdigen. Daher kritisiert sie Freud, wenn dieser behauptet, dass die Erziehung mit der Psychoanalyse »in der Absicht [...] zusammentrifft.«[54]

Es lässt sich feststellen, dass Freud keinen Versuch unternimmt zu definieren, was eine erzieherische Praxis begründen könnte. Er erklärt sich als inkompetent und gesteht seine »Nachlässigkeit« in diesem Bereich ein. Er überlässt es den Erziehern, diese Anwendung der Psychoanalyse auf die Erziehung zu erarbeiten ohne zu intervenieren.

Die psychoanalytischen Erzieher werden sich auf diejenigen Teile der freudschen Theorie berufen, die ihnen als die nützlichsten erscheinen: unter anderem auf die Problematik der »Übertragung« und auf jene des »Ichideals«, so wie dieses im Text von 1921, *Massenpsychologie und Ich-Analyse*, definiert wurde. Die Folge dieser Bezugnahme ist, wie wir sehen werden, dass die symbolische Dimension zu Gunsten der imaginären gewissermaßen überdeckt wird, was bewirkt, dass der Unterwerfung des Schülers unter das Vorbild des Lehrers Vorschub geleistet wird.

Wir möchten bereits jetzt präzisieren, dass der Text Freuds aus dem Jahr 1921 in den Zusammenhang der Thesen gehört, die er in *Totem und Tabu* zwischen 1912 und 1913 entwickelt hatte: diesem »wissenschaftlichen Mythus vom Vater der Urhorde«,[55] in welchem der Urvater als »*Übermensch*«, als »absolut narzisstisch[er] Führer [...]«, der seine Söh-

---

[54] Cf. Freud (1925): Geleitwort. In: August Aichhorn: Verwahrloste Jugend. Bern, Huber 1965, S. 8; GW XIV, S. 566.

[55] Sigmund Freud (1921): Massenpsychologie und Ich-Analyse. GW XIII, S. 151.

ne »zur Abstinenz« zwang, erscheint.⁵⁶ Die Hypnose stellt ein Paradigma der Suggestionsmacht dar, welche jene »archaische Erbschaft« zu wecken vermag, jene »passiv-masochistisch[e]« Position, gegenüber einer »übermächtigen und gefährlichen Persönlichkeit«.⁵⁷ Der »Führer der Masse« ist daher noch immer »der gefürchtete Urvater«. Ebenso will die Masse »immer noch von unbeschränkter Gewalt beherrscht werden, sie ist im höchsten Grade autoritätssüchtig«.⁵⁸ Wir werden sehen, dass Lacan diesen Ansatz Freuds erst überwinden kann, nachdem er die Arbeiten Bions über die kleinen Gruppen kennengelernt haben wird. Wenn es auch wahr ist, dass man den Analytiker-Pädagogen der 1930er Jahre nicht vorwerfen kann, die symbolische Seite dieses »Ichideals« zu verkennen, so wie Lacan sie im März 1954 herausarbeitet,⁵⁹ so kann man hingegen bedauern, dass sich Catherine Millot nicht auf sie bezieht. Die Texte der Analytiker-Pädagogen, wie auch jener von Catherine Millot, ziehen diese Identifizierung – die zweite – nicht in Betracht, welche Freud, im VII. Kapitel des Textes von 1921, durch seinen Teil-Charakter definierte,⁶⁰ und welche Lacan unter der Bezeichnung: »Identifizierung mit einem einzigen Zug« aufgreifen wird. Hierbei entkommt das Subjekt der Bemächtigung durch die imaginäre Ergriffenheit.

Aïda Vasquez und Fernand Oury werden diesen Sachverhalt im Jahr 1967 so unterstreichen: »Das introjizierte Detail ist [...] etwas Symbolisches, ein Indiz der Einmaligkeit dieses Zeichenträgers, ein unterscheidender, bedeutungstragender Zug. [...] Das Subjekt identifiziert sich [...] nur mit einem Zug, der von einer Person getragen wird, und gerade aus diesem Grund kann es Subjekt bleiben.«⁶¹

---

[56] GW XIII, S. 138.
[57] GW XIII, S. 142.
[58] Ibid.
[59] Jacques Lacan: Freuds technische Schriften. Das Seminar Buch I. Weinheim, Berlin, Quadriga, 1990 (2. Auflage), S. 167-184.
[60] Sigmund Freud (1921): Massenpsychologie und Ichanalyse. GW XIII, S. 115-121; cf. unten, S. 63 ff., »Hans Zulliger und die Beziehung zum Lehrer«
[61] Fernand Oury/Aïda Vasquez (1967): Vers une pédagogie institutionnelle. Vigneux, Matrice, 1993, S. 185.

Nachdem wir auf diese Dinge hingewiesen haben, heben wir hervor, dass der Text *Die drei Abhandlungen über die Sexualtheorie* sehr wohl festhält, dass es für den Erzieher nicht nur darum geht, »das organisch Vorgezeichnete nachzuziehen«, sondern auch »es etwas sauberer und tiefer auszuprägen«.[62] In *Das Unbehagen in der Kultur* erwähnt Freud, dass die Erziehung »besonders energisch auf die Beschleunigung des bevorstehenden Entwicklungsganges« dringe.[63] Hier besteht die Gefahr der Abwege. Es kann daher sein, dass dieses »etwas sauberere und tiefere Ausprägen«, das von der eigentlichen erzieherischen Handlung geleistet werden sollte, von der Verkennung der Erzieher empfindlich gestört wird, die darin besteht darauf zu drängen, mit dem Kind fertig zu werden oder aus narzisstischen Gründen zu wünschen, es möge alle ihre Erwartungen erfüllen.

Diese Abwege werden für Freud je länger je wichtiger. Je mehr die Einsichten in die seelischen Vorgänge im Kind und im Erzieher zunehmen, desto mehr kommen die verhängnisvollen Auswirkungen einer Erziehung zum Vorschein, welche die seelischen Vorgänge des Kindes und des Erziehers selbst verkennt. Daher gelangt Freud an einem bestimmten Punkt seiner Untersuchungen dahin, dass er erwägt, den prophylaktischen Wert der Psychoanalyse für die Erziehung zu empfehlen.[64]

Zwischen der Psychoanalyse und der Erziehung wird sich von nun an eine Geschichte besonderer Komplexität knüpfen, welche mit den Begriffen »psychoanalytische Erziehung«, »auf die Erziehung angewandte Psychoanalyse« usw. nur ungenügend bezeichnet wird. Die zentrale Frage, auf die Freud nie eine Antwort geben wird, bleibt: Welche theoretischen Werkzeuge, welche Maßnahmen werden in der Schulklasse diese »Anwendung« unterstützen?

---

[62] Sigmund Freud (1905): Drei Abhandlungen zur Sexualtheorie. GW V, S. 78.

[63] Sigmund Freud (1930): Das Unbehagen in der Kultur. GW XIV, S. 459 (gemeint ist die Reinlichkeitserziehung, Bemerkung des Übersetzers).

[64] 1925, in seinem Geleitwort zum Buch von August Aichhorn, erörtert Freud den prophylaktischen Aspekt einer Psychoanalyse für den Erzieher, und nicht nur für das Kind.

Das Verbot zu denken

Die Autoritäten

Die Autoritäten kommen an den Ort und Platz der elterlichen Figuren, sie nähren sich vom »Vaterkomplex« (Text 11). In seinem Text von 1908 schreibt Freud, dass die Autoritäten, wie unter anderen die Ärzte, nicht von der Behauptung Abstand nehmen, dass die sexuelle Enthaltsamkeit weder schädlich noch schwer durchzuführen sei. Indem sie so handeln, weigern sie sich, der »Lebenslust« der Subjekte Rechnung zu tragen. Freud hebt die Reaktion der etablierten Macht – der religiösen, politischen, ärztlichen, wissenschaftlichen und auch noch erzieherischen und pädagogischen – auf jeden Ausdruck des Begehrens hervor. Das Kind begehrt zu wissen, genauso wie der Forscher und ganz allgemein ein jeder. Diesem Begehren treten die Autoritäten mit ihrem Wunsch nach Subjekten, die sich dem »Verbot zu wissen« fügen, entgegen.. Sich vom Joch der Autoritäten loszulösen, heißt einen Preis zahlen zu müssen, um sich vom Infantilismus und den intellektuellen und affektiven Verstümmelungen zu befreien. In seiner *Selbstdarstellung* von 1925 schildert Freud den Widerstand der »großen Autoritäten« während seiner Vorstellung eines »Falles von hysterischer Hemianästhesie« bei einem Mann in der Gesellschaft der Ärzte im Jahr 1886: »Ich fand mich mit der männlichen Hysterie und der suggestiven Erzeugung hysterischer Lähmungen in die Opposition gedrängt«.[65] In demselben Text erwähnt Freud seine Überraschung, als er erkannte, dass die elektrotherapeutischen Arbeiten von W. Erb auf nichts anderem als auf einer »phantastischen Konstruktion« gründeten, und er schließt: »[Das] war schmerzlich, aber [es] verhalf dazu, wieder ein Stück des naiven Autoritätsglaubens abzutragen, von dem ich noch nicht frei war.«[66]

---

[65] Sigmund Freud (1925): Selbstdarstellung. GW XIV, S. 39.
[66] GW XIV, S. 40. In *Die Frage der Laienanalyse* (1926) sagt Freud, eine der Aus-

Wie das Verbot, das den Nichtärzten untersagt, Analysen durchzuführen, in Österreich in Kraft tritt, kritisiert Freud in *Die Frage der Laienanalyse* die »bürokratischen Neigungen« des österreichischen Staates. An diesen Neigungen, die das Reich der Habsburger der Republik vermacht hat, verurteilt Freud gegenüber einem Unparteiischen, den er sich als Gesprächspartner in dieser Schrift gegeben hat, die Absicht, alles kontrollieren und alles verbieten zu wollen (Text 12).

Ein Jahr später, in *Die Zukunft einer Illusion*, kommt Freud auf das zurück, was er als »eine Art von Diffusion oder Infektion« des Charakters »der Heiligkeit, Unverletzlichkeit, der Jenseitigkeit« geißelt, die sich »von einigen wenigen großen Verboten auf alle weiteren kulturellen Einrichtungen, Gesetze und Verordnungen« ausbreitet[67] und so jede mögliche Wandlung lähmt.

Das Geheimnis

Im Jahr 1907 fragt sich Freud in *Zur sexuellen Aufklärung des Kindes*, warum den Kindern die Aufklärung über das Sexualleben vorenthalten wird und findet als Gründe: »Prüderie und das eigene schlechte Gewissen«[68] bei den Eltern, aber auch der irrtümliche Glaube, dass der Sexualtrieb bei den Kindern erst in der Pubertät erwacht (Text 13). Freud macht den Leser in diesem Zusammenhang auf den Text *Drei Abhandlungen über die Sexualtheorie* aufmerksam. »Das intellektuelle Interesse des Kindes für die Rätsel des Geschlechtslebens, seine sexuelle Wissbegierde äußert sich denn auch zu einer unvermutet frühen Lebenszeit.«[69] Und Freud erwähnt ein Kind Namens »Herbert« in den ersten Ausgaben des Textes und »Hans«

---

wirkungen der »medizinischen Schule« sei, dass der junge Arzt »seinen Lehrern so vieles hat glauben müssen, dass ihm zur Erziehung seines Urteils wenig Anlass geworden ist...« GW XIV, S. 265.
[67] Sigmund Freud (1927): Die Zukunft einer Illusion. GW XIV, S. 364.
[68] Sigmund Freud (1907): Zur sexuellen Aufklärung der Kinder. GW VII, S. 21.
[69] GW VII, S. 22.

in den Ausgaben nach Erscheinen des Textes *Analyse der Phobie eines fünfjährigen Knaben* im Jahr 1909 (Texte 22 und 23).

Der kleine Hans litt an einer Pferdephobie. Man weiß, dass Freud während der ganzen »Behandlung« lediglich den Vater berät, welcher der wahre »Analytiker« des Kindes ist.

Im Jahr 1909 schließt Freud seinen Bericht des kleinen Hans ab. Er hält fest, dass sich diese Kinderneurose in den Zusammenhang einer normalen kindlichen Neurose einordnen lässt, dass sie auf den Ödipuskomplex hindeutet und auf die Kastrationsangst, die diesen begleitet. Wenn sie sich mit dieser Deutlichkeit ausgedrückt habe, so komme das daher, dass die Symptome und Ängste des Kindes von seiner Umgebung nicht »niedergeschrien«, wie das üblicherweise geschehe, sondern vom Vater ernst genommen worden seien, der dadurch eine analytische Arbeit mit seinem Kind begann.

In demselben Text von 1907 erwähnt Freud das zweite große Problem, das sich dem Kind stellt, »die Frage nach der Herkunft der Kinder«.[70] Er schreibt, dass durch »die gebräuchlichen Antworten (...) der ehrliche Forschertrieb des Kindes verletzt« wird; es beginnt, den Erwachsenen zu misstrauen und seine Fragen und Probleme für sich zu behalten. »Freilich, wenn es die Absicht der Erzieher ist, die Fähigkeit der Kinder zum selbständigen Denken möglichst frühzeitig zugunsten der so hochgeschätzten ›Bravheit‹ zu ersticken, so kann dies nicht besser als durch Irreführung auf sexuellem und durch Einschüchterung auf religiösem Gebiete versucht werden.«[71] Sexualität und Religion: Das sind zwei Bereiche, in denen die Autoritäten ihre Macht bewahren und sich in ihrer Ruhe nicht stören lassen wollen: Es geht ihnen darum, jedes »selbständige« Denken und mit ihm jeden Forschertrieb zu unterbinden, »auf Denkabschreckung« hinzuarbeiten, und sich so loyale Untergebene zu schaffen.

Es stellt sich heraus, dass die Einschüchterung das Ziel und das Mittel der Erziehung ist. Schon vor *Die Zukunft einer Illusion* erwähnt Freud die Religion als Bereich, in dem Abhängigkeit und Infantilismus beispielhaft

---

[70] Sigmund Freud (1907): Zur sexuellen Aufklärung der Kinder. GW VII, S. 24.
[71] GW VII, S. 25.

herausgebildet werden. Die Schule sollte die Initiative übernehmen, über die Sexualität und die »sittlichen Verpflichtungen, welche an die Ausübung des Triebes geknüpft sind«,[72] aufzuklären.

Der Text schließt mit einem Lob des französischen Staates ab (Text 20). Man könnte gegen Freud einwenden, dass in Wirklichkeit ein Katechismus durch einen anderen ersetzt worden ist, der besser den sozialpolitischen Interessen des Bürgertums entspricht. Freud wird das, worum es ihm in seiner Kritik am religiösen Machtanspruch eigentlich geht, in seinem Text von 1927 erläutern: die »Infektion« der »Heiligkeit« aufzuhalten, welche sich »auf alle weiteren kulturellen Einrichtungen, Gesetze und Verordnungen ausgebreitet«[73] hat und verbietet, diese zu verändern (Text 16).

Die infantilen Sexualtheorien

Im Jahr 1908 kommt Freud in *Über infantile Sexualtheorien* auf den »Wissensdrang« zurück, der durch die Gefühle und Sorgen, welche die Ankunft eines kleineren Geschwisterchens auslöst, beim älteren geweckt wird. Unter dem Druck der »Lebensnot« stellt sich diesem die Frage, »woher die Kinder kommen«, »als ob dem Denken die Aufgabe gestellt würde, das Wiedereintreffen so gefürchteter Ereignisse zu verhüten«[74] (Text 14).

Freud beginnt die »falschen Theorien« des Kindes, zu denen auch die »Storchenfabel« gehört, zu analysieren. Die erste behauptet, dass alle Menschen mit einem Penis versehen sind, die zweite ist die sog. »Kloakentheorie der Geburt«: »*Das Kind muss entleert werden wie ein Exkrement, ein Stuhlgang*«;[75] die dritte vertritt die »sadistische Auffassung des Koitus«.

Diese »falschen Theorien« enthalten dennoch, »obwohl sie in grotesker Weise fehlgehen«, wie es im Text heißt, »*ein Stück echter Wahrheit*«.[76]

---

[72] Sigmund Freud (1907): Zur sexuellen Aufklärung der Kinder. GW VII, S. 27.
[73] Sigmund Freud: Die Zukunft einer Illusion. GW XIV, S. 364.
[74] Sigmund Freud: Über infantile Sexualtheorien. GW VII, S. 175.
[75] GW VII, S. 181 (kursiv im Original).
[76] GW VII, S. 177 (kursiv bei C./I.).

»Das Richtige und Triftige an diesen Theorien erklärt sich durch deren Abkunft von den Komponenten des Sexualtriebes, die sich bereits im kindlichen Organismus regen«[77]. Für die erste Theorie heißt das: »Die Anatomie hat die Klitoris innerhalb der weiblichen Schamspalte als das dem Penis homologe Organ erkannt (...) dies alles gibt der infantilen Sexualtheorie, das Weib besitze wie der Mann einen Penis, nicht unrecht.«[78] Diese vermutete Anwesenheit des Penis bei der Mutter wird das Kind darin hemmen, die Vagina als besonderes weibliches Geschlechtsorgan anzuerkennen. Zur zweiten Theorie, die von der »analen Sexualkomponente« gestützt wird, fügt Freud an: »Damals war der Stuhlgang etwas, wovon in der Kinderstube ohne Scheu gesprochen werden durfte, das Kind stand seinen konstitutionellen koprophilen Neigungen noch nicht so ferne«.[79] Wir möchten auf diese Bemerkung Freuds zum Gespräch zwischen dem Kind und dem Erwachsenen über das Thema des Stuhlgangs besonders hinweisen. Der zukünftige Prototyp des ekelerregenden Objekts wird hier unter seinem symbolischen Aspekt des Tauschs, der Gabe, verstanden. Was die dritte Theorie betrifft, schreibt Freud: »sie hat (...) ein Stück weit recht, errät zum Teil das Wesen des Geschlechtsaktes und den ›Kampf der Geschlechter‹, der ihm vorhergeht«[80]; »unter gewissen, bekannten Verhältnissen wird die Blutspur allerdings als Zeichen des eingeleiteten sexuellen Verkehrs gewürdigt«.[81]

Für Freud enthalten diese offensichtlich falschen Theorien »ein Stück echter Wahrheit«. Als solche gleichen sie »den ›genial‹ geheißenen Lösungsversuchen Erwachsener an den für den Menschenverstand überschwierigen Weltproblemen«.[82] Dieses Stück Wahrheit kündigt die Analysen Freuds der Religion an. Auch diese enthält ein Stück Wahrheit: den »Vaterkomplex«, welcher ihren Kern bildet. Die Figur Gottes entsteht aus der großen Figur des Urvaters.

---

[77] Sigmund Freud: Über infantile Sexualtheorien. GW VII, S. 177.
[78] GW VII, S. 179.
[79] GW VII, S. 181.
[80] GW VII, S. 183.
[81] GW VII, S. 184.
[82] GW VII, S. 177.

Diese Wahrheit, präzisiert *Die Zukunft einer Illusion*, »steigert unseren Respekt« vor den religiösen Lehren, »macht aber unseren Vorschlag, sie aus der Motivierung der kulturellen Vorschriften zurückzuziehen, nicht wertlos«.[83] Wenn die Menschheit »in den Zeiten ihrer Unwissenheit und intellektuellen Schwäche die für das menschliche Zusammenleben unerlässlichen Triebverzichte nur durch rein affektive Kräfte zustande gebracht hat« – nämlich durch die Abhängigkeit vom Vater, auf der sich die Religion aufbaut –, »wäre vorauszusehen, dass sich die Abwendung von der Religion mit der schicksalsmäßigen Unerbittlichkeit eines Wachstumsvorganges vollziehen muss, und dass wir uns gerade jetzt mitten in dieser Entwicklungsphase befinden«.[84]

Jedenfalls wäre der Unterschied zwischen der Religion und den infantilen Sexualtheorien der, dass sich jene, paradoxerweise, als »infantiler« erweist als diese: im Gegensatz zum Wissenstrieb, welcher das Kind beseelt, ginge es bei jener darum, die privilegierte Beziehung zum Vater aufrecht zu erhalten, sich seiner Liebe zu versichern, um jede Auseinandersetzung mit der »Wirklichkeit« zu umgehen, wobei diese verstanden wird als das, was nie aufgehört hat, den Menschen aus den imaginären Erbauungen zu vertreiben, in denen sein Narzissmus meint Zuflucht gefunden zu haben. Die Wirklichkeit der Sexualität, der Aggressivität, des Todes, solcher Art sind die »Kränkungen«,[85] die hinzunehmen sind, was bedeutet, dass die »Weltanschauungen«, die dahin hinauslaufen, den Menschen im Glauben zu lassen, dass der Mensch »Herr in seinem Hause« sei, geopfert werden müssen.

---

[83] Sigmund Freud: Die Zukunft einer Illusion. GW XIV, S. 367/368.
[84] GW XIV, S. 367.
[85] Sigmund Freud (1925): Die Widerstände gegen die Psychoanalyse. GW XIV, S. 109.

Weltanschauungen

Unter dem Thema »eine Weltanschauung« übermittelt uns Freud im letzten Kapitel der *Neuen Folge der Vorlesungen zur Einführung in die Psychoanalyse* eine grundlegende Reflexion über die »Illusionen«, die jedem »Veränderungswillen« im Gebiet der Erziehung unterlagert sind (Text 17). Er demontiert die Idee, wonach es möglich sei, die menschliche Natur so sehr zu verändern, dass in ihr die typischsten Wesensmerkmale wie die Aggressionstriebe ausgemerzt würden.

Ohne Zweifel widersetzt sich die Weltanschauung des Bolschewismus jener der Religion, und Freud schreibt: »In einer Zeit, da große Nationen verkünden, sie erwarten ihr Heil nur vom Festhalten an der christlichen Frömmigkeit, wirkt die Umwälzung in Russland (...) doch wie die Botschaft einer besseren Zukunft.«[86] Zwischen dem »frommen Amerika«, das »den Anspruch [erhebt] ›God's own country‹ zu sein«[87] und Russland, das die religiösen Illusionen niederreißt, wäre Freud ohne Zweifel bereit, sich für Letzteres zu entscheiden, wenn der Bolschewismus sich nicht in jeder Hinsicht als die Entsprechung einer Religion erwiese, weil er wie eine Weltanschauung strukturiert ist.

Obwohl er auf der Wissenschaft gründet, schafft der »praktische Marxismus« ein »Denkverbot« so unerbittlich wie jenes der Religion. Die Werke von Marx haben »die Stelle der Bibel und des Korans« eingenommen. Schließlich finden wir den Marxismus unter den Systemen wieder, die Illusionen liefern, obwohl ihm das Verdienst zugekommen war, »mit allen idealistischen Systemen und Illusionen erbarmungslos aufgeräumt« zu haben. Wie die Religionen verspricht er ein »besseres Jenseits«, wo die Bedürfnisse eines jeden befriedigt sein werden, und, in der Folge, »ein fast reibungsloses Zusammenleben«.[88]

---

[86] Sigmund Freud (1933): Neue Folge der Vorlesungen zur Einführung in die Psychoanalyse. GW XV, S. 196.
[87] Sigmund Freud: Die Zukunft einer Illusion. GW XIV, S. 341.
[88] Sigmund Freud: Neue Folge der Vorlesungen zur Einführung der Psychoanalyse. GW XV, S. 195.

Mit allen Weltanschauungen teilt der Kommunismus den Charakter der »Geschlossenheit und Systembildung«.[89] Freud stellt ihnen die Psychoanalyse gegenüber, »unfähig, eine ihr besondere Weltanschauung zu erschaffen«[90] und im Übrigen »braucht [sie] es nicht, sie ist ein Stück Wissenschaft und kann sich der wissenschaftlichen Weltanschauung anschließen«.[91] Jedoch, genaugenommen scheint für die Wissenschaft der Ausdruck »Weltanschauung« zu »großtönend« zu sein, denn »sie schaut nicht alles an, sie ist zu unvollendet«, sodass sie sich durch »wesentlich negative Züge« charakterisieren ließe, »wie die Bescheidung zur Wahrheit, die Ablehnung der Illusionen«.[92]

Einige Jahre früher, in *Die Zukunft einer Illusion*, äußert Freud die Idee einer »Neuregelung der menschlichen Beziehungen«,[93] die auf Zwang und Triebunterdrückung verzichtet. Es handelte sich also um ein »goldenes Zeitalter« (Text 9). Aber dieses goldene Zeitalter beruht darauf, dass die »destruktiven, also antisozialen und antikulturellen Tendenzen« der Menschen vergessen worden sind. Bei der Hypothese, dass man »die Last der den Menschen auferlegten Triebopfer« erleichtern könne, setzt die Versöhnung der Menschen voraus, dass »vorbildliche Führer« auftreten, »die sich zur Beherrschung ihrer eigenen Triebwünsche aufgeschwungen haben«[94] und der Masse nicht nachgeben. Wir gelangen hier zu einem Thema, »die Beherrschung der Masse durch eine Minderzahl«, mit dem wir bei Freud ein Echo der Thesen Le Bons finden: »die Massen sind träge und einsichtslos, sie lieben den Triebverzicht nicht«.[95] Aber einmal abgesehen von der Frage, »woher die Anzahl überlegener, unbeirrbarer und uneigennütziger Führer kommen soll, die als Erzieher der künftigen Generationen wirken

---

[89] GW XV, S. 197.
[90] Sigmund Freud: Neue Folge der Vorlesungen zur Einführung der Psychoanalyse. GW XV, S. 197.
[91] Ibid.
[92] Ibid.
[93] Sigmund Freud: Die Zukunft einer Illusion. GW XIV, S. 327.
[94] GW XIV, S. 328.
[95] Ibid.

müssen«,⁹⁶ es bleibt, dass dieser bestimmt »großartige Plan« einen »ungeheuerlichen Aufwand an Zwang« voraussetzt, und, dass es schließlich nicht gelingen wird, bei allen die asozialen Triebe auszumerzen. Das hindert Freud nicht daran zu präzisieren: »Wenn man es nur zustande bringt, die kulturfeindliche Mehrheit von heute zu einer Minderheit herabzudrücken, hat man sehr viel erreicht, vielleicht alles was sich erreichen lässt.«⁹⁷ Die Argumentation mäandert zwischen zwei Positionen hin und her: der Anerkennung der Berechtigung des Unternehmens und jener seines »illusorischen« Charakters. Das erste Kapitel der Arbeit endet damit, dass das in Russland begonnene »große Kulturexperiment« erwähnt wird. Freud unterstreicht seine Unfähigkeit, über die angewandten Methoden zu urteilen. Er wird es seinem Gesprächspartner im Kapitel IX überlassen zu sagen, dass dieser neue Versuch, »die Religion durch die Vernunft ablösen zu lassen«,⁹⁸ im Misserfolg enden wird. 1927 hebt Freud noch nicht, wie er es im Jahr 1933 tun wird, die religiöse Struktur dieses »großen Kulturexperimentes« hervor. Er schreibt lediglich, dass es an der »unvermeidlichen Kluft zwischen Absicht und Durchführung«,⁹⁹ leiden wird, welche die menschlichen Unternehmungen kennzeichnet.

Alles verhält sich so, als ob Freuds Hypothese eines »großartigen Planes« von 1927, wonach vorbildliche Führer es unternähmen, die Masse zu erziehen, so etwas wie eine Erzieherphantasie zum Erklingen bringt, die in ihm arbeitet und umgekehrt, an der er arbeitet, und welche die verschiedenen Schwenker im Text erklärt. Einerseits spricht er von der »Bedeutsamkeit für die Zukunft«¹⁰⁰ dieses Planes, von »überlegenen« Führern, andererseits erinnert er an »die Schranken der Erziehbarkeit des Menschen«, die jeder radikalen Kulturveränderung »ihre Grenze setzen«.¹⁰¹

Die Demontage dieser Phantasie einer allmächtigen Erziehung setzt sich im Jahr 1930 in *Das Unbehagen in der Kultur* fort (Text 10). Es ist

---

⁹⁶ GW XIV, S. 329.
⁹⁷ Sigmund Freud: Die Zukunft einer Illusion. GW XIV, S. 330.
⁹⁸ GW XIV, S. 369.
⁹⁹ GW XIV, S. 330.
¹⁰⁰ GW XIV, S. 329.
¹⁰¹ GW XIV, S. 330.

wiederum nicht die politisch-ökonomische Kritik am Kommunismus, die Freud beschäftigt. Er schreibt sogar diesbezüglich: »Wer in seinen eigenen jungen Jahren das Elend der Armut verkostet, die Gleichgiltigkeit und den Hochmut der Besitzenden erfahren hat, sollte vor dem Verdacht geschützt sein, dass er kein Verständnis und kein Wohlwollen für die Bestrebungen hat, die Besitzungleichheit der Menschen und was sich aus ihr ableitet, zu bekämpfen.«[102] Auf Seiten des Kommunismus jedoch werden diese Bestrebungen durch eine »haltlose Illusion« untergraben, welche den Grund »seiner psychologischen Voraussetzung« ausmacht. Wieder werden wir daran erinnert, dass die Aggression einen unzerstörbaren Zug der menschlichen Natur bildet, sodass man sich nur besorgt fragt, »was die Sowjets anfangen werden, nachdem sie ihre Bourgeois ausgerottet haben«.[103]

Man darf »erwarten, allmählich solche Abänderungen unserer Kultur durchzusetzen, die unsere Bedürfnisse besser befriedigen«, aber es bleibt, dass wir uns »mit der Idee vertraut [machen müssen], dass es Schwierigkeiten gibt, die dem Wesen der Kultur anhaften und die keinem Reformversuch weichen werden«.[104]

Psychoanalytische Erziehung und Revolution

Grenzen der Erziehung aufgrund des nie endgültig überwundenen Triebanteiles, Illusionen der Weltanschauungen, die alle – seien sie religiös oder revolutionär – ein goldenes Zeitalter in Aussicht stellen: Es ergibt sich, dass die Psychoanalyse die »Revolution« in der Erziehung nicht fördern können würde. Die 34. der *Neuen Folge der Vorlesungen* drückt dies deutlich aus: »Die psychoanalytische Erziehung nimmt eine ungebetene Verantwortung auf sich, wenn sie sich vorsetzt, ihren Zögling zum Aufrührer zu modeln. Sie hat das ihrige getan, wenn sie ihn möglichst gesund und leistungsfähig entlässt. In ihr selbst sind genug revolutionäre Momente

---

[102] Sigmund Freud: Das Unbehagen in der Kultur. GW XIV, S. 472, Fußnote 1.
[103] GW XIV, S. 474.
[104] GW XIV, S. 475.

enthalten, um zu versichern, dass der von ihr Erzogene im späteren Leben sich nicht auf die Seite des Rückschritts und der Unterdrückung stellen wird. Ich meine sogar, revolutionäre Kinder sind in keiner Hinsicht wünschenswert.«[105] Wir erinnern daran, dass der Text im März und August 1932 geschrieben worden ist, und dass zu Beginn dieses Jahres ein an die *Zeitschrift* geschickter Artikel von Reich einige Unruhe geschaffen hatte. Gemäß Ernest Jones, der den Vorfall berichtet, behandelte der Artikel das Thema: »Die Verschmelzung des Marxismus mit der Psychoanalyse« und »gipfelte, nach Freud, in der absurden Erklärung, der Todestrieb sei ein kapitalistisches Produkt«.

Vermutlich befürchtete Freud 1932, dass die Psychoanalyse im Gefolge Reichs mit dem Marxismus anbändle, und dass sie wegen dieser Verbindung mit den revolutionären Kräften abgelehnt würde. Paradoxerweise demontiert er gerade hier, wo es ihm darum geht, die Heranbildung »revolutionärer Kinder« abzulehnen, die herkömmlichen Funktionsweisen und Ideale der Pädagogik: ihre Neigung, junge Menschen »*herzustellen*«, ihre Geschlossenheit, ihr Ziel, sie zu kontrollieren. Sicherlich läuft das revolutionäre Kind Gefahr, als eines der schlimmsten Erfolge der erzieherischen *Herstellung* zu erscheinen. Es geht genauso wenig darum, revolutionäre Kinder herzustellen wie brave. Wenn Freud vom »möglichst gesunden und leistungsfähigen« Kind spricht, so fügen wir hinzu, dass seine Erzieher sich vorgenommen haben, darauf zu verzichten, es irgendeinem »Denkverbot« zu unterwerfen; es soll keiner Weltanschauung, deren großer Ordner der Erwachsene wäre, unterjocht werden. Die folgenden Faktoren einer »psychoanalytischen Erziehung« wären »revolutionär«: das Kind mit der Realität seiner Triebe, seiner Ängste, seiner Fragerei, seiner Wünsche anzunehmen, ohne ihm Geschichten zu erzählen, ohne seine Intelligenz zu unterdrücken, ohne es formen zu wollen. Von einem Kind, das so erzogen wurde, konnte Freud denken, dass es sich »im späteren Leben (...) nicht auf die Seite des Rückschritts und der Unterdrückung stellen wird«. Die psychoanalytische Erziehung schafft sozusagen eine Revolution durch Verzicht, anstatt durch

---

[105] Sigmund Freud: Neue Folge der Vorlesungen zur Einführung in die Psychoanalyse. GW XV, S. 162.

Übereifer: Sie bereitet das Subjekt auf die Unabhängigkeit von Autoritätsfiguren vor, an die sich die freiwillige Abhängigkeit knüpft.

Was sind die Einsätze in diesem Spiel? Darauf achten, dass die Aggressionstriebe nicht genährt werden, verhindern, dass das Über-Ich das Subjekt verwüstet – was geschieht, wenn das Kind sich in der Realität ohnmächtigen Elternfiguren gegenüber sieht: sei es aus übertriebener oder aus mangelhafter Autorität (Text 4 und 5). »Das Kind soll Triebbeherrschung lernen. Ihm die Freiheit geben, dass es uneingeschränkt allen seinen Impulsen folgt, ist unmöglich.«[106] Freud präzisiert, dass die »Kinderpsychologen« diese den Kindern gewährte Freiheit zweifelsohne sehr lehrreich finden könnten. Aber daraus entstünden den Eltern viele Schwierigkeiten und »die Kinder selbst würden zu großem Schaden kommen«. »Das ist«, unterstreicht Paul-Laurent Assoun, »wie wenn die Psychoanalyse, anders als die Psychologen, die dazu neigen, das Kind mit den besten aller Absichten der Welt wie ein Beobachtungs- und Experimentiermaterial zu behandeln [...], an das Bedürfnis nach dem Verbot erinnern müsste, ohne welches das Begehren des Kindes toter Buchstabe bliebe.«[107]

Das ist die Besonderheit des menschlichen Lebewesens, dass es zu seinem Platz als Mensch über den Engpass des Gesetzes und seiner verschiedenen Abwandlungen gelangt. Auch Freud hat in der 34. Vorlesung der *Neuen Folge* hierauf hingewiesen: »Die Erziehung muss also hemmen, verbieten, unterdrücken und hat dies auch zu allen Zeiten reichlich besorgt. Aber aus der Analyse haben wir erfahren, dass gerade diese Triebunterdrückung die Gefahr der neurotischen Erkrankungen mit sich bringt.« Folglich geht es darum, den »Weg zu suchen zwischen der Scylla des Gewährenlassens und der Charybdis des Versagens«. Man muss ein »Optimum« erreichen. Genau dieses wurde bisher nicht gefunden, denn »die nächste Erwägung lehrt, dass die Erziehung bisher ihre Aufgabe sehr schlecht erfüllt und den Kindern großen Schaden zugefügt hat«.[108]

---

[106] Sigmund Freud: Neue Folge der Vorlesungen zur Einführung in die Psychoanalyse. GW XV, S. 160.
[107] Paul-Laurent Assoun: Freud et les sciences sociales. Armand Colin, 1993, S. 142.
[108] Sigmund Freud: Neue Folge der Vorlesungen. GW XV, S. 161.

Welche Prophylaxe?

In der 22. Vorlesung der *Einführung in die Psychoanalyse* von 1915-1916 untersucht Freud den Konflikt zwischen den sexuellen Neigungen und jenen, die sich auf das Ich beziehen. In den zwei nachfolgenden Abschnitten entwickelt er den Vergleich zweier kleiner Mädchen, von »fünf oder sechs Jahren«, die im selben Haus wohnen und sich zusammen sexuellen Spielen hingeben.[109] Das Töchterchen des Hausbesorgers, von dem Freud annimmt, es habe »manches von der Sexualität der Erwachsenen beobachten« können, ist wahrscheinlich die »Verführerin« ihrer Kameradin, des Töchterchens des Hausbesitzers. Freud hinterfragt das unterschiedliche Schicksal dieser beiden Kinder. Ersteres wird keine Folgen dieser frühreifen Sexualbetätigung verspüren, es wird nicht neurotisch werden. Es wird Kinder haben und vielleicht ein Theaterstar werden und in der Aristokratie enden (!). Dem anderen kleinen Mädchen wird es anders ergehen. Es wird sehr früh in einen »psychischen Konflikt« geraten, wird Schuldgefühle haben, wird sich von der Sexualität abwenden und neurotisch werden. Dieses Schicksal ist das Ergebnis der hohen Ansprüche der Erziehung, die es erhalten hat. Die Erziehung bringt hier offensichtlich ein erdrückendes Über-Ich hervor (Texte 6, 7, 15).

In der 23. Vorlesung spricht Freud über die Kontrolle des Sexuallebens, welche die Erzieher ausüben. Diese strenge Überwachung, die jedoch gegen den »konstitutionellen« Faktor nichts ausrichten kann, übersteigt das angestrebte Ziel und produziert eine Verdrängung, deren Folgen schädlich sind und »das Kind widerstandslos gegen den in der Pubertät zu erwartenden Ansturm der Sexualforderungen ins Leben schickt«.[110] Und Freud schließt, dass ohne Zweifel »eine veränderte Einstellung zur Sexualität einen besseren Angriffspunkt zur Verhütung der Neurosen verspricht«.[111] Dieser bessere Angriffspunkt ist eine andere Erziehung: »natürlicher«, weniger repressiv, die sich nicht vor der Sexualität des Kindes fürchtet.

---

[109] Sigmund Freud: Vorlesungen zur Einführung in die Psychoanalyse. GW XI, S. 365-367.

[110] GW XI, S. 379.

[111] Ibid.

In der *Neuen Folge* stellt Freud die Kinderanalyse als eigentliche prophylaktische Lösung der Neurose in den Vordergrund. Die Analyse könnte dem Kind zu Hilfe kommen, »auch wenn es keine Anzeichen von Störung zeigt«.[112] Eine »Maßregel der Fürsorge für seine Gesundheit« analog einer Impfung gegen Diphtherie. Aber Freud schränkt ein: »der großen Menge unserer Zeitgenossen würde schon das Projekt als ein ungeheurer Frevel erscheinen« und schließt, dass »man derzeit jede Hoffnung auf dessen Durchführung aufgeben [muss].«

Von nun an soll das Projekt einer verallgemeinerten Anwendung der Psychoanalyse auf die Erziehung »an anderer Stelle« fortgesetzt werden: Es beinhaltet die Analyse der Erzieher und der Lehrer; ihre Analyse »scheint eine wirksamere prophylaktische Maßregel als die der Kinder selbst« zu sein.

Diese psychoanalytische Schulung antwortet auf die Komplexität der Aufgabe der Lehrer und Erzieher, »die konstitutionelle Eigenart des Kindes zu erkennen«, »ihm das richtige Maß von Liebe zuzuteilen und doch ein wirksames Stück Autorität aufrechtzuhalten«.[113] Freud gedenkt auch »einer indirekten Förderung der Kindererziehung« durch die Analyse der Eltern. Diese würden dann »ihre Kinder mit besserem Verständnis behandeln« und ersparten ihnen, was ihnen selbst nicht erspart geblieben war.

Schließlich wird vermerkt, dass »parallel mit den Bemühungen der Analytiker um die Beeinflussung der Erziehung« andere Untersuchungen »über die Entstehung und Verhütung der Verwahrlosung und der Kriminalität« laufen. Freud spielt hier auf August Aichhorn an, ohne ihn zu nennen. Gleichzeitig macht er uns darauf aufmerksam, dass wir uns damit auf dem eigentlichen Gebiet der Erziehung befinden, während es bisher in diesem Verhältnis von Psychoanalyse und Erziehung darum ging, die Kinderanalyse zu fördern und, wo diese nicht möglich sei, die Analyse der Erzieher oder Eltern. Mit Aichhorn bewegen wir uns nicht mehr im Rahmen der »Bemühungen der Analytiker«, sondern in jenem der Bemühungen der Erzieher, die, nachdem sie die Erfahrung der Analyse »am eigenen Lei-

---

[112] Sigmund Freud: Neue Folge der Vorlesungen. GW XV, S. 160.
[113] GW XV, S. 161.

be erlebt«[114] haben, sich auf das theoretische Korpus Freuds berufen, um ihre eigene Erziehungsaufgabe klar zu erfassen und gut zu erfüllen. Freud wird alle seine Kräfte im Gefecht aufbieten, damit die Erzieher den Analytiker-Status erhalten. Aichhorn wird seinerseits im Gebiet der Erziehung hinsichtlich der Psychoanalyse derselben Sorge Ausdruck verleihen, die bereits Freud umtrieb: die Psychoanalyse nicht ausschließlich den Ärzten zu überlassen.

---

[114] Sigmund Freud: Geleitwort. In: August Aichhorn: Verwahrloste Jugend. Bern, Hans Huber, 1965, S. 8; GW XIV, S. 566.

Das pädagogische Interesse

Das *Geleitwort*, das Freud im Jahr 1925 zum Buch Aichhorns, *Verwahrloste Jugend*, verfasste, stellt eine wichtige Schrift in der Beziehung Freuds zur Pädagogik dar (Text 26).

Das Anwendungsgebiet

»Von allen Anwendungen der Psychoanalyse hat keine soviel Interesse gefunden, soviel Hoffnungen erweckt und demzufolge so viele tüchtige Mitarbeiter herangezogen wie die auf die Theorie und Praxis der Kindererziehung«, schreibt er zu Beginn. Wir befinden uns hier im Anwendungsgebiet der Psychoanalyse. Wenn das Kind das hauptsächliche Objekt der psychoanalytischen Forschung geworden ist, so daher, weil das zu erziehende Kind, das Kind, welches im Bereich der Erziehung interessiert, vorher aus der Anwendung »psychoanalytischer Bemühung«, welche auf psychoanalytischem Gebiet geschah, hervorgegangen ist.

1913 schließt der Text *Das Interesse an der Psychoanalyse*, der einzige, der eine Synthese der nicht-ärztlichen Anwendungen entwickelt, mit dem »pädagogischen Interesse«. Freud unterstreicht, dass die Psychoanalyse »die Wünsche, Gedankenbildungen, Entwicklungsvorgänge der Kindheit aufgedeckt«[115] hat, und vor allem, den »unschätzbar wichtigen Faktor« der Sexualität »in ihren körperlichen und seelischen Äußerungen« – ein umfassendes Wissen, das dazu beitragen kann, das erzieherische Handeln in der Theorie und Praxis zu begründen. Daher gilt: »Ein Erzieher kann nur sein, wer sich in das kindliche Seelenleben einfühlen kann, und wir Erwachsene verstehen die Kinder nicht, weil wir unsere eigene Kindheit nicht mehr verstehen. Unsere Kindheitsamnesie ist ein Beweis dafür, wie

---

[115] Sigmund Freud (1913): Das Interesse an der Psychoanalyse. GW VIII, S. 419.

sehr wir ihr entfremdet sind.«[116] Der Ödipuskomplex, der Narzissmus, die perversen Anlagen, die Analerotik, die sexuelle Wissbegierde: alle diese Entdeckungen der »Psychoanalyse über die Kindheit« sollen es den erziehenden Erwachsenen erlauben, die »Distanz« abzumessen, welche ihre »Gedankenprozesse von denen auch des normalen Kindes trennt«. Der Text weist auf die Wichtigkeit »einer psychoanalytisch aufgeklärten Erziehung« als »einer individuellen Prophylaxe der Neurosen« hin. Wir wissen, dass eine der Auswirkungen dieser Erziehung darin bestünde, weniger zur Verdrängung der Partialtriebe, aber mehr zu ihrer Sublimierung beizutragen.

Im Jahr 1932, nachdem Freud in der *Neuen Folge der Vorlesungen* seine »Versuchung«, aber auch seine Unmöglichkeit hinsichtlich der »Fülle« der Gebiete, die Zuhörer »durch all die Anwendungen der Psychoanalyse auf die Geisteswissenschaften« zu führen, erwähnt hat, fügt er hinzu: »Nur an einem Thema kann ich nicht so leicht vorbeigehen, nicht weil ich besonders viel davon verstehe oder selbst soviel dazugetan habe. Ganz im Gegenteil, ich habe mich kaum je damit beschäftigt. Aber es ist so überaus wichtig, so reich an Hoffnungen für die Zukunft, vielleicht das Wichtigste von allem, was die Analyse betreibt. Ich meine die Anwendung der Psychoanalyse auf die Pädagogik, die Erziehung der nächsten Generation. Ich freue mich wenigstens sagen zu können, dass meine Tochter Anna Freud sich diese Arbeit zur Lebensaufgabe gesetzt hat, mein Versäumnis auf solche Art wiedergutmacht.«[117]

Von »Anwendung« zu sprechen, besagt, dass eine gewisse Heterogenität der beiden Gebiete fortbesteht. Sie könnten nicht verwechselt werden, wenn sie sich begegnen. Die Psychoanalyse befindet sich hier in der Position des theoretischen Pols, die der Pädagogik ihr Wissen, ihre Entdeckungen zur Verfügung stellt, ihr aber die Aufgabe überlässt, die Bedingungen der Umsetzung dieses Wissens in ihrem Gebiet zu erarbeiten.

---

[116] Sigmund Freud (1913): Das Interesse an der Psychoanalyse. GW VIII, S. 419.
[117] Sigmund Freud: Neue Folge der Vorlesungen. GW XV, S. 157.

Die Verteidigung der Laienanalyse

In seinem *Geleitwort* zu Pfisters Buch, *Die psychanalytische Methode*, schreibt Freud im Jahr 1913: »Die Ausübung der Psychoanalyse fordert viel weniger ärztliche Schulung als psychologische Vorbildung und freien menschlichen Blick.«[118] Der Erzieher und der Seelsorger sind »durch die Anforderungen ihres Berufes zu denselben Rücksichten, Schonungen und Enthaltungen verpflichtet«, wie die Ärzte. Ihr Umgang mit den Jugendlichen macht sie sogar »zur Einfühlung in deren Seelenleben vielleicht geeigneter«. In einem Brief vom 1. Januar an Pfister spricht Freud von der »Entschiedenheit«, mit der er »die Rechte der Pädagogen auf die Analyse verteidigen will«.[119]

Im *Geleitwort* von 1925 schreibt Freud, dass der Erzieher, der nicht will, dass ihm das Kind ein »unzugängliches Rätsel« bleibe, sich einer Analyse unterziehen soll: Der Erzieher soll sich selbst erziehen, weil sein eigenes Unbewusstes sein erzieherisches Handeln bestimmt. Im letzten Abschnitt fügt Freud hinzu: »Wenn der Erzieher die Analyse durch Erfahrung an der eigenen Person erlernt hat und in die Lage kommen kann, sie bei Grenz- und Mischfällen zur Unterstützung seiner Arbeit zu verwenden, so muss man ihm offenbar die Ausübung der Analyse freigeben und darf ihn nicht aus engherzigen Motiven daran hindern wollen.«[120] Gewiss, »die Frage der Laienanalyse« und die Option Freuds, den Beruf des Psychoanalytikers Nicht-Ärzten, insbesondere Pädagogen zugänglich zu machen, sind seit dem Jahr 1924 aktuell. Bevor wir genauer auf die Argumentation Freuds eingehen, so wie er sie 1926 in *Die Frage der Laienanalyse* entwickeln wird, unterstreichen wir, mit Elisabeth Roudinesco, dass diese Verteidigung der praktizierenden Laien, die sich, über den österreichischen Kon-

---

[118] Sigmund Freud (1913): Geleitwort. In: Oskar Pfister: Die psychanalytische Methode. Leipzig und Berlin, Julius Klinkhardt, S. V; GW X, S. 450.
[119] Sigmund Freud/Oskar Pfister: Briefe 1909-1939. Frankfurt a. M., Fischer, 1963, S. 59.
[120] Sigmund Freud (1925): Geleitwort. In: August Aichhorn: Verwahrloste Jugend. Bern, Huber, 1965, S. 8; GW XIV, S. 567.

text und die »Causa Reik« hinaus, vor allem gegen die anglo-amerikanischen Verfechter der Medizinalisierung richtet, vor dem Hintergrund der neuen Topik von 1920 und der Erarbeitung des Todestriebes gelesen werden muss. Der Widerstand Freuds gegen die Anhänger der ärztlichen Analyse »geht einher mit einem Kampf, welcher das Primat des Unbewussten über das Bewusstsein, des Es über das Ich, des Todestriebs über das Ego, des Begehrens über die Anpassung, des ›Dämons‹ über das Glück und die Religion, kurz, der Psychoanalyse über die Psychologie behauptet«.[121] Es geht darum, die Konfrontation mit der »psychischen Realität« aufrechtzuerhalten, die jede Aussicht der Herrschaft über die Triebe zerplatzen lässt. In den Augen Freuds ist das Wesentliche an dieser Frage der Beziehung zwischen Erziehung und Psychoanalyse und der Option, die Ausübung der Psychoanalyse für Nicht-Ärzte zu öffnen, durch die Pädagogen ein Gegengewicht zu den Ärzten zu schaffen.

Lieber Pädagogen als Ärzte

Von 1913 bis 1926 – das ist das Datum des Erscheinens der Schrift *Die Frage der Laienanalyse* – ist es dasselbe Interesse, das Freud antreibt: nicht zuzulassen, dass die ärztliche Ausbildung das analytische Verfahren vereinnahmt und damit endet, dieses so weit zurechtzubiegen, dass es seines wahren »Interesses« beraubt und das Gesamte seiner Anwendungen auf »eine einzige« reduziert wird. Das bedeutet, wie er unmissverständlich sagt, dass »die Psychoanalyse kein Spezialfach der Medizin ist«.[122] Ihr Anwendungsgebiet übersteigt den Bereich der Therapie und geht alle Wissenschaften etwas an, »die sich mit der Entstehungsgeschichte der menschlichen Kultur und ihrer großen Institutionen wie Kunst, Religion

---

[121] Elisabeth Roudinesco: Histoire de la psychanalyse en France. 1, 1885-1939, Fayard, 1994, p. 149. (Dieser Teil fehlt in der deutschen Übersetzung des Buches, Anm. des Übersetzers.)

[122] Sigmund Freud (1935): Die Frage der Laienanalyse (Nachwort). GW XIV, S. 289.

und Gesellschaftsordnung beschäftigen«.[123] Hier berührt man das Hauptinteresse der Psychoanalyse in den Augen Freuds. Wenn die Psychoanalyse schon bisher allen Wissenschaften, die »mit der Entstehungsgeschichte der menschlichen Kultur« befasst sind, »ansehnliche Hilfe zur Lösung ihrer Probleme geleistet« hat, wird das Wesentliche erst noch kommen, »wenn Kulturhistoriker, Religionspsychologen, Sprachforscher usw. sich dazu verstehen werden, das ihnen zur Verfügung gestellte neue Forschungsmittel selbst zu handhaben«.[124]

Hier fühlt sich Freud genötigt zu präzisieren: »Es liegt mir natürlich ferne zu fordern, dass das Interesse des neurotischen Kranken dem des Unterrichts und der wissenschaftlichen Forschung zum Opfer gebracht werde. [...] ich will nur verhütet wissen, dass die Therapie die Wissenschaft erschlägt.«[125] Der »wissenschaftliche Gewinn« ist »der vornehmste, erfreulichste Zug der analytischen Arbeit«.[126]

In diesem Text widmet Freud eine Seite der Pädagogik, »ein anderes Anwendungsgebiet (...), auf das die Ärzte kaum Anspruch erheben werden«.[127] Er erwähnt »eine Behandlung, die analytische Beeinflussung mit erzieherischen Maßnahmen vereinigt«, welche »pädagogische Analytiker oder analytische Pädagogen« durchführen. Wir halten fest, dass die Pädagogik im Text losgelöst vom Inventar derjenigen Wissenschaften erscheint, denen die Psychoanalyse ihre Hilfe darbringen kann. Sie wird gerade daher eingeführt, um jene zu überzeugen, die sich nicht mit den »rein theoretischen Interessen der Psychoanalyse« begnügen: und diesen kann man also das Beispiel der Anwendung der Psychoanalyse auf die Pädagogik vorzeigen! Wenn man die vorangegangenen Analysen betrachtet, könnte man hier einen Grund für die »Nachlässigkeit« Freuds in Bezug auf die Pädagogik finden: die Pädagogik ist bestimmt nicht unwichtig; ihr kommt sogar eine zentrale Bedeutung zu. Es bleibt, dass der realisierba-

---

[123] Sigmund Freud (1935): Die Frage der Laienanalyse (Nachwort). GW XIV, S. 283.
[124] Ibid.
[125] GW XIV, S. 291.
[126] GW XIV, S. 294.
[127] GW XIV, S. 284.

re »wissenschaftliche Gewinn« in diesem Gebiet geringer ausfällt als anderswo.

Pädagogik und Therapie befinden sich also beide auf derselben Seite: einer Seite, die Freud zwar nicht ablehnt, aber von der er feststellt, dass sie nicht seiner eigentlichen »Richtung« entspricht, die ihn zu den »Geisteswissenschaften« führt. In den Monaten August bis September des Jahres 1924, in seiner *Selbstdarstellung*, die im Februar 1925 veröffentlicht wird, geht Freud noch weiter, denn er gibt zu verstehen, dass sein Interesse für die Psychoanalyse, als besondere theoretische Produktion, schließlich bei ihm den Platz für seine ersten Interessen für die »kulturellen Probleme« freigab. Freud verweist auf die erste Äußerung dieser »Wandlung«: auf *Totem und Tabu* aus dem Jahr 1912, wo er versuchte, »die neu gewonnenen analytischen Einsichten zur Erforschung der Ursprünge von Religion und Sittlichkeit auszunützen«.[128] In der Folge schlossen sich *Die Zukunft einer Illusion* im Jahre 1927 und 1930 *Das Unbehagen in der Kultur* an. Der letzte Abschnitt der *Selbstdarstellung* gibt der Gewissheit Ausdruck, dass die Psychoanalyse »fortbestehen wird (...), als Wissenszweig wie als Therapie«.[129]

Die besondere Arbeit der Erziehung

Im *Geleitwort* von 1925 verkündet Freud: »Das Verhältnis zwischen Erziehung und psychoanalytischer Bemühung wird voraussichtlich in nicht ferner Zeit einer gründlichen Untersuchung unterzogen werden.« Das tönt offensichtlich etwas sibyllinisch. Wann wird diese Untersuchung stattfinden, und wer soll sie durchführen?

Heben wir vorerst die Idee der Funktion der Erziehung »*sui generis*« hervor: »Die Psychoanalyse des Kindes kann von der Erziehung als Hilfsmittel herangezogen werden. Aber sie ist nicht dazu geeignet, an ihre Stelle

---

[128] Sigmund Freud (1935): Nachschrift zu »Selbstdarstellung«. In: Selbstdarstellung. Schriften zur Geschichte der Psychoanalyse. GW XVI, S. 32.
[129] GW XVI, S. 34.

zu treten.«[130] Und Freud verwehrt sich dagegen, hier den Ausdruck der »Nacherziehung« zu verwenden, der für den Bereich der Psychoanalyse des erwachsenen Neurotikers zutreffend ist: »Ein Kind, auch ein entgleistes und verwahrlostes Kind, ist eben noch kein Neurotiker und Nacherziehung etwas ganz anderes als Erziehung des Unfertigen.« Von da an kann die Psychoanalyse nicht mehr beanspruchen, an den Ort und die Stelle dieser Erziehung zu gelangen. Wie Mireille Cifali unterstreicht: »Wenn Freud zur Vorsicht mahnt, um eine solche Verwechslung zu verhindern, wenn er eine mögliche Ersetzung eines Vorgangs durch einen anderen geißelt und behauptet, dass die Analyse eines Kindes kein Äquivalent der Erziehung sein kann, dann daher, weil er sich kontrapunktisch auf eine Zeit bezieht, in der er und manche seiner Schüler an die Möglichkeit einer solchen Verwechslung geglaubt haben: Psychoanalyse an Ort und Stelle von Erziehung, von da an mit einer tatsächlichen Identität der Vorgänge, weil der eine in der Lage gewesen wäre, den anderen zu ersetzen.«[131]

Die Psychoanalyse beruht auf Voraussetzungen, welche die »analytische Situation« strukturieren. Dazu gehören »die Ausbildung gewisser psychischer Strukturen, eine besondere Einstellung zum Analytiker«, Strukturen und eine Einstellung, die »beim Kind, beim jugendlichen Verwahrlosten, in der Regel auch beim triebhaften Verbrecher« fehlen. Daraus folgt, dass man bei ihnen »etwas anderes machen [muss] als Analyse«.

Ein Jahr später wird Anna Freud im psychoanalytischen Institut in Wien vier Vorträge zum Thema *Die Einführung in die Technik der Kinderanalyse* halten. Der vierte dieser Vorträge handelt vom »Verhältnis der Kinderanalyse zur Erziehung«. Man kann leicht vermuten, dass Freud auf dem Laufenden war über diese sich in Vorbereitung befindende Arbeit. Wir verfügten also über die Antwort auf das Rätsel der Prophezeiung Freuds betreffend die »gründliche Untersuchung« über das Verhältnis von Erziehung und Psychoanalyse: seine eigene Tochter ist daran, diese Untersuchung zu erarbeiten.

---

[130] Sigmund Freud: Geleitwort. GW XIV, S. 566.
[131] Mireille Cifali: Freud pédagogue? Psychanalyse et éducation, InterÉditions, 1982, p. 128.

Anna und ihre gründliche Untersuchung

Anna Freud folgt Hermine von Hug-Hellmuth, die 1920, am Kongress von Den Haag, erklärt hatte: »Die heilende und erzieherische Arbeit der Analyse besteht nicht nur darin, die jungen Geschöpfe von ihren Leiden zu befreien, sie muss ihnen auch moralische und ästhetische Werte vermitteln.« Daraus folgert Anna: »Der Analytiker vereinigt also zwei schwierige und eigentlich einander widersprechende Aufgaben in seiner Person: er muss analysieren und erziehen, d. h. er muss in einem Atem erlauben und verbieten, lösen und wieder binden.«[132] Im Bereich der Kinderanalyse darf sich der Analytiker nicht hinter der klassischen Position des Erwachsenenanalytikers verschanzen. Er fühlt sich verpflichtet, zu Handlungen Zuflucht zu nehmen, die den Regeln für die Technik der Psychoanalyse radikal »widersprechen«.[133] Es kann sogar vorkommen, dass man von der Durchführung der Analyse bei einem Kind mit guten Gründen »abraten«[134] muss. Es ergeben sich daher »theoretische« Schwierigkeiten, welche die »psychischen Strukturen« und die »besondere Einstellung zum Analytiker« betreffen: das Kind hat keine Krankheitseinsicht,[135] folglich keinen Willen zur Heilung, »es weigert sich zu assoziieren«,[136] sein Über-Ich ist zu schwach, schließlich kann es nicht wirklich in eine »Übertragungsneurose«[137] eintreten.

Seit dem Beginn des ersten Vortrags präzisiert Anna Freud, dass die Besonderheit der Kinderanalyse »sich aus einem sehr einfachen Satz ableiten« lässt: aus demselben Satz, den man unter der Feder Freuds in seinem *Geleitwort* fand: »dass der Erwachsene – wenigstens weitgehend – ein reifes und unabhängiges Wesen ist, das Kind ein unreifes und

---

[132] Anna Freud (1927): Einführung in die Technik der Kinderanalyse. Frankfurt a. M., Fischer, 1983, S. 80.
[133] Ibid., S. 31.
[134] Ibid., S. 14.
[135] Ibid., S. 16.
[136] Ibid., S. 43.
[137] Ibid., S. 56.

unselbständiges«.¹³⁸ Für Anna muss das Kind »analysierbar«¹³⁹ gemacht werden, und zwar mittels einer besonderen »Vorbereitung«, wobei sie sich nicht scheut, diese mit einer »Dressur« zu vergleichen.¹⁴⁰ Es geht darum, beim Kind »ein vollständiges Abhängigkeitsverhältnis« in Bezug auf den Analytiker zu schaffen. Erst dann wird das Kind sich in der Analyse engagieren und sich für die »für die Analyse so notwendige Preisgabe aller seiner bisher gehüteten Geheimnisse«¹⁴¹ entscheiden. Es bleibt hier recht wenig von den Regeln für die Technik der Analyse übrig!

Das Ergebnis dieser Dressur ist, dass das Kind sehr starke Beziehungen mit dem Analytiker haben kann; und dennoch handelt es sich hierbei nicht um eine wirkliche Übertragung: »Das Kind ist nicht wie der Erwachsene bereit, eine Neuauflage seiner Liebesbeziehungen vorzunehmen, weil – so könnte man sagen – die alte Auflage noch nicht vergriffen ist.«¹⁴² Andererseits ist diese Übertragung umso weniger möglich, je mehr sich die erzieherischen Aufgaben mit der Analyse mischen. Der Psychoanalytiker ist nun nicht mehr »ein leeres Blatt, auf das der Patient alle seine Übertragungsphantasien eintragen kann«.¹⁴³ Das Kind weiß sehr genau, »was dem Analytiker erwünscht oder unerwünscht scheint, was er billigt oder missbilligt«.¹⁴⁴ Sicherlich könnte man nicht besser aufzeigen, wie radikal eine erzieherische eine analytische Position untergraben kann!

Diese unerbittliche Notwendigkeit zu erziehen ist für Anna Freud das Ergebnis ihrer These über die Schwäche des Über-Ichs des Kindes: allein gelassen, ohne jede Unterstützung von außen, »kann es nur einen einzigen kurzen und bequemen Weg finden: den zur direkten Befriedigung«.¹⁴⁵

---

[138] Anna Freud (1927): Einführung in die Technik der Kinderanalyse. Frankfurt a. M., Fischer, 1983, S. 14.
[139] Ibid., S. 16.
[140] Ibid.
[141] Ibid., S. 22.
[142] Ibid., S. 57.
[143] Ibid., S. 58.
[144] Ibid., S. 59.
[145] Ibid., S. 74.

Zweifelsohne könnten die Eltern diese erzieherische Aufgabe übernehmen, aber »die gleichen Eltern oder Erziehungspersonen waren es ja, deren übermäßige Forderungen das Kind zu einem Übermaß von Verdrängung und in die Neurose getrieben haben«.[146] Daher schließt sie: »Es scheint also gefährlich, ihnen die Entscheidung über das Schicksal des nun befreiten Trieblebens zu überlassen.«

Es obliegt dem Analytiker, »die Freiheit für sich [zu] beanspruchen, das Kind [...] zu leiten«,[147] damit verhindert er, dass es zu niederen Stufen seiner Entwicklung regrediert: Der Analytiker »wird letzten Endes entscheiden, welcher Anteil der infantilen Sexualregungen als in der Kulturwelt unverwendbar unterdrückt oder verworfen werden muss, wie viel oder wie wenig zur indirekten Befriedigung zugelassen werden kann, und was auf den Weg zur Sublimierung gedrängt wird«.[148] Was bleibt hier von der Analyse übrig?

Nachdem Freud eine Zeit lang eine unparteiische Position eingenommen hat, wird er für seine Tochter Partei ergreifen, gegen Melanie Klein, die eine analytische Arbeitsmethode mit Kindern, die auf dem Spiel gründet, erfunden und die These des schwachen Über-Ichs des Kindes in Stücke geschlagen hat. Sie hat gezeigt, dass das Über-Ich, an dem das Kind leidet, im Gegenteil zu erdrückend, zu sadistisch ist. Der Analytiker hat also, dem Kind gegenüber, dieselbe Aufgabe zu erfüllen, wie wenn er mit einem Erwachsenen zu tun hätte: zur Erleichterung dieses verheerenden Über-Ichs beizutragen. Das Schweigen Freuds zuerst, dann seine Verteidigung Annas, unter anderem gegenüber Jones, der – seiner Meinung nach – zu warme Parteigänger Melanie Kleins, lassen ohne Zweifel erkennen, auf welche Art er die Fragen zur Erziehung und zum Verhältnis von Erziehung und Psychoanalyse besetzt: Wenn er auch ohne zu zweifeln anerkennt, dass diese Fragen wichtig sind, ist er dennoch nicht bereit genauer hinzuschauen und dieses »bedeutende« Gebiet der Anwendung der Psychoanalyse zu betreten. Das hat er auch nie verheimlicht.

---

[146] Anna Freud (1927): Einführung in die Technik der Kinderanalyse. Frankfurt a. M., Fischer, 1983, S. 73.
[147] Ibid., S. 74.
[148] Ibid., S. 74/75.

Der Text des *Geleitworts*, der das Gebiet der Anwendung der Psychoanalyse des Kindes eingrenzt und gleichzeitig als begründet anerkennt, kündigt die Analysen Annas an, die von einer zu massiven Übertragung der freudschen Orthodoxie zeugen... Der Vater übernimmt die Verantwortung für die zukünftige Arbeit seiner Tochter, und die Tochter tritt das väterliche Erbe an, wobei sie eine übergroße Treue zu dessen Lehre beweist.

Wir können nun die Lektüre des *Geleitworts* abschließen. Erziehung, schreibt Freud, ist »etwas ganz anderes« als Psychoanalyse, etwas Notwendiges, das durch die Psychoanalyse nicht erspart werden kann. Bei entgleisten und verwahrlosten Kindern und Jugendlichen »muss man etwas anderes machen als Analyse, *was dann in der Absicht wieder mit ihr zusammentrifft*«. Wenn die Erziehung über ihren Platz *sui generis* verfügen soll, bedeutet dies nicht, dass sie sich radikal von der Psychoanalyse abtrennen muss. Daher kann der Erzieher, der durch die Schulung einer Psychoanalyse gegangen ist, die »Absicht« derselben – ihre Finalität, ihren Geist – in seiner eigenen Praxis wiederfinden. Erziehung und Psychoanalyse stammen aus verschiedenen theoretischen Bereichen und Handlungsfeldern, sodass es wichtig ist, die eine nicht durch die andere zu ersetzen. Das schließt nicht aus, dass sie eine gemeinsame Absicht haben, die man schematisch als das Selbständigwerden des Kindes definieren könnte. Diese Formulierung findet sich bei Freud wörtlich so nicht. Aber genau darum geht es, wenn er den kleinen Hans erwähnt, ein Kind, das »ohne Einschüchterung, mit möglichster Schonung und möglichst geringem Zwang erzogen wurde«.[149] Freud fügt hinzu, dass die Erzieher ihrem Eifer, »das brave Kind zu züchten«, das sie in Ruhe lässt, widerstehen sollen. Den imaginären Verstrickungen der Erziehung setzt er die Wichtigkeit des Wortes entgegen, mit dem das Kind es »wagen« kann, sein Leid zu äußern (Text 23).

In diesem *Geleitwort* zum Buche *Verwahrloste Jugend* geht Freud weder auf eine Darstellung noch auf eine Diskussion der darin vorgetragenen Thesen, Vorrichtungen und Vorgehensweisen ein. Das Werk Aichhorns beleuchtet sehr genau die theoretischen und praktischen Orientierungen, die

---

[149] Sigmund Freud (1909): Analyse der Phobie eines fünfjährigen Knaben. GW VII, S. 373.

als eine »Anwendung« der Psychoanalyse auf die Erziehung gelten können. Aber Freud gibt uns weder seine Meinung darüber preis, noch teilt er uns seine Bemerkungen oder allfällige Kritik über diese wichtigen Punkte für die Pädagogik mit. Somit bleibt die Frage nach den Wechselwirkungen der Pädagogik und der Psychoanalyse im Klassenzimmer, und genauer noch, jene nach den Maßnahmen, nach den Praktiken usw. offen, in welchen sich der Gewinn dieser »Schulung« der Psychoanalyse, durch die der Erzieher gegangen ist, verwirklichen könnte.

August Aichhorn und die Übertragung

Mit August Aichhorn werden sich die Erziehung und die Psychoanalyse »dem Wagnis des Sozialen«[150] stellen. In einem Brief an Pfister schreibt der Autor der *Verwahrlosten Jugend*: »Daher suchte ich weiter und kam in meinem Suchen zur Psychoanalyse: nicht um Psychoanalytiker zu werden, nicht um von der Schulbank her mir ein neues Wissensgebiet anzueignen; sondern [...] um Hilfen zu finden im Kampf gegen die Verwahrlosung; den Verwahrlosten zu begreifen, den Anfang einer Methode festzulegen, die es ermöglicht, den Verwahrlosten nicht mehr durch Gesellschaft und Staat verfolgen zu müssen, ihn aufzugreifen, einzusperren, zu verurteilen und dem Strafvollzug zuzuführen.«[151]

Ein erzieherisches Milieu

Es ist seltsam: Bei diesem Autor, welcher einer der allerersten war, der die Bedeutung der Reorganisation des erzieherischen »Milieus« erfasste, spielt sich alles im Rahmen der Zweierbeziehung Erzieher-Zögling ab. Die Veränderung des Milieus, die sich aus der Veränderung der Einstellungen der Erzieher ergibt, wird nicht wirklich als besondere Quelle der Umgestaltung erkannt. Alles in allem bleibt Aichhorn hinter Makarenkos These zurück, die behauptet: »Es ist nicht der Erzieher, es ist das Milieu, das erzieht.« Für Aichhorn ist der wesentliche Schritt jener, eine affektiv starke Beziehung

---

[150] Mireille Cifali: August Aichhorn, au risque du social. In: Les cahiers du collège international de l'adolescence, 1996, 1.

[151] Zitiert von Jeanne Moll, in: La pédagogie psychanalytique, origine et histoire. Paris, Dunod, 1989, S. 197. (Cf. Wiener Psychoanalytische Vereinigung (Hrsg.): *Wer war August Aichhorn? Briefe, Dokumente, Unveröffentlichte Arbeiten*. Wien, Löcker und Wögenstein, 1976, S. 30.)

mit dem Kind zu knüpfen. Diese Beziehung, einmal hergestellt – die »positive Übertragung« –, ist der eigentliche Motor der Resozialisierung der Kinder. Kurz zusammengefasst hat die Umgestaltung des Milieus, seine Vermenschlichung, keine andere Absicht, als »positive« Beziehungen zwischen Erziehern und Kindern zu unterstützen.

Ohne Zweifel wird dadurch die Einstellung der Erzieher radikal verändert. Während früher die Erzieher in den »Besserungsanstalten« streng und gewalttätig waren, mit der Folge, dass bei den Kindern »überall nur scheue, hasserfüllte Blicke von unten herauf«[152] gesehen wurden, zeigten sie sich in Oberhollabrunn und auch in St. Andrä offen, warmherzig und freundlich. Diese Veränderung ist wichtig und man sollte sie nicht vernachlässigen. Wegen des Vertrauens, das sich zwischen den Kindern und Erziehern gebildet hat, wird die Beziehung zur Welt offener, freier, wie uns die imaginäre Besichtigung der Institution vor Augen führt, zu der uns Aichhorn einlädt. Jedoch, am Ende der Beschreibung erfährt man, dass von Seiten des Erziehers die Gewährung der Zuneigung als eine Art »Liebesprämie« verwendet wird,[153] mit der, wie man im drittletzten Abschnitt des Werkes deutlich erkennt, die Kinder vom Erzieher früher oder später dahin geführt werden sollen, »zu tun, was dieser zu tun vorschreibt, zu unterlassen, was dieser verbietet«.[154] (Text 27)

Der Text bemüht sich, die Einstellung dieser Erzieher zu präzisieren, nämlich, den Kindern »vor allem Freude zu bereiten.«[155] Daher sieht man »frohe Gesichter bei Erzieherinnen und Erziehern, freudiges Lachen aus Kinderaugen«. Die Formen der Asozialität, die in den anderen Heimen das Personal zu einer »oppositionellen Einstellung« führen und das Leben des Heims um »sado-masochistische« Beziehungen herum anordnen, sie provozieren in Oberhollabrunn als einzige Antwort »Milde und Güte«.[156] Zu Recht kritisiert Aichhorn die Neigung der Erziehungsanstalten, sich krampfhaft

---

[152] August Aichhorn (1925): Verwahrloste Jugend. Bern und Stuttgart, Huber, 1965 (5. Auflage), S. 128.
[153] Ibid., S. 130.
[154] Ibid., S. 199.
[155] Ibid., S. 130.
[156] Ibid., S. 131.

auf ein Streben nach Einheitlichkeit zu versteifen, die das Kind vom »wirklichen Leben« entfernt. Dieser Einheitlichkeit, dieser »Schablone« von Erziehungshandlungen, die das Kind auf eine »Nummer« reduziert, stellt er die Notwendigkeit, die Individualität des Einzelnen zu bewahren, gegenüber. Um dies zu erreichen, gibt er jedem Kind »ein ausschließlich dem Einzelnen reserviertes Plätzchen«,[157] wo es seine »Geheimnisse« hinterlegen kann. Er unterstreicht, wie groß die Gefahr in einer Anstalt ist, »dass die Individualität des Einzelnen nicht zur Entwicklung kommt« (Text 28).

Wenn diese Kritik der Einheitlichkeit, der Erstickung der Individualitäten auch wesentlich ist, wenn sie die Kritik zeitgenössischer Autoren ankündigt, geht der Text etwas schnell über die »Aussprache« der Kinder, deren Notwendigkeit er unterstreicht,[158] wie auch über die »selbstständige« Organisation, die sich in St. Andrä entwickeln wird, hinweg. Das ist, als ob diese Elemente als zweitrangig eingeschätzt würden und sich das Wesentliche im Rahmen der Zweierbeziehung von Erzieher und Zögling abspielte. Wir finden hier etwas, das bei Zulliger (cf. *infra*) noch deutlicher hervortreten wird, wenn dieser sein geringes Interesse für die »Schulgemeinschaften« betont, denn die Selbstorganisation der Kinder ist ihm suspekt, weil er vermutet, sie verdecke die entscheidende Rolle der Lehrer-Schüler-Beziehung.

Aichhorn wird sich nicht, wie wir das bei Zulliger sehen werden, darauf stürzen, die Thesen von *Massenpsychologie und Ich-Analyse* buchstabengetreu anzuwenden. In seiner Rolle als Direktor nimmt er nicht den Platz des Chefs ein, im Gegenteil, er erscheint zerbrechlich und bereit, seine Autorität aufs Spiel zu setzen. Indem er das tut, ist er nicht weit davon entfernt uns mitzuteilen, dass dieser auf sich genommene Mangel die notwendige Bedingung dafür ist, dass die Kinder über die notwendige *Öffnung* für die Trennung der Bindungen, die sie gefangen hielten, verfügen, und dass sie ihrerseits den Weg des Mangels, in das Begehren, beschreiten.

---

[157] August Aichhorn (1925): Verwahrloste Jugend. Bern und Stuttgart, Huber, 1965 (5. Auflage). S. 128.

[158] Aichhorn schreibt: »Das richtige Verständnis für die befreiende Wirkung einer Aussprache hatte ich damals zwar noch nicht, aber doch bemerkte ich, wie sich das Bild der Gruppe vollständig umkehrte, wenn es gelungen war, die Stimmung der Erzieherin zu heben.« (Op. cit., S. 134)

Der Bruch mit allen, die ihr Genießen in der Ordnung und in den Vorschriften finden, ist hier radikal: mit den »Sadisten«, den »Ängstlichen«, kurzum mit allen diesen *normalen* Menschen, von denen Freud schreibt, dass sie in der Kindererziehung »nichts anderes als in Ruhe gelassen werden, keine Schwierigkeiten erleben«[159] wollen. Wir werden hier mit den ethischen Herausforderungen der Erziehung konfrontiert.

In ihrem ersten veröffentlichten Text im Jahr 1927 anerkennt Anna Freud die Bedeutung, die das Vorgehen Aichhorns für sie hatte. Anlässlich eines Falls eines Mädchens von 11 Jahren schreibt sie: »Meine Handlungsweise in diesem zweiten Fall war durchaus die Aichhorns im Verkehr mit seinen verwahrlosten Zöglingen aus der Fürsorgeerziehung. Der Fürsorgeerzieher, sagt Aichhorn, muss sich zuallererst auf die Seite des Verwahrlosten stellen und annehmen, dass dieser mit der Einstellung gegen seine Umgebung recht hat. Nur so wird es ihm gelingen, *mit* seinem Zögling statt *gegen* ihn zu arbeiten.«[160]

Auch weil Anna Freud hierin Aichhorn als Vorbild nimmt, fühlt sie sich zu einer »Dressur«-Arbeit gedrängt, welche unabdingbar für die Erarbeitung der positiven Übertragung ist, und außerhalb derer es, ihrer Meinung nach, keine Rettung für die Kinderanalyse gibt. Daraus ergibt sich das Paradox, dass die Psychoanalytikerin mehr als der Erzieher darum bemüht sein müsse, eine Autoritätsposition einzunehmen.[161]

---

[159] Sigmund Freud (1909): Analyse der Phobie eines fünfjährigen Knaben. GW VII, S. 374.

[160] Anna Freud (1927): Einführung in die Technik der Kinderanalyse. Frankfurt a. M., Fischer, 1983, S. 19.

[161] Sie meint, dass ihre Position diesbezüglich schwieriger sei als jene Aichhorns; dieser ist »von der Stadt und vom Staate ermächtigt einzugreifen, und hat die Autorität seines Amtes hinter sich.« (Anna Freud, op. cit., S. 19)

Das Ichideal

Bei Aichhorn ist es mehr die »positive Übertragung«, an der Person des Erziehers ausgebildet, welche die Erziehung unterstützt als das Milieu als offenes Netz von Begegnungen und Gesprächen, reich an Übertragungen *in alle Himmelsrichtungen.*[162] Ohne Zweifel ist die Übertragung auf den Fürsorgeerzieher, wenn »...im Zögling Gefühle der Zuneigung zu ihm entstehen«, die Vorbedingung der Erziehung. »Der Fürsorgeerzieher wird [...] vorbereitet sein, dass wirksame Erziehungsarbeit solange unmöglich ist, als diese fehlen.«[163] Aber alles geschieht in diesem Werk so, als ob diese Vorbedingung schließlich den Rest verdeckte.

Wenn Aichhorn präzisiert, was es mit der »Aussprache« der Kinder in der Anstalt auf sich hat, so stellt sich heraus, dass diese Beziehung des Gesprächs sich nur zwischen Erzieher und Kind entwickeln wird, und, genauer noch, zwischen dem Direktor der Anstalt – Aichhorn – und dem Kind (Text 29).

Während Zulliger, wie wir noch sehen werden, sich im Korpus der freudschen Theorie auf das Konzept des Ichideals bezieht, so wie sie in *Massenpsychologie und Ichanalyse* erarbeitet wurden, unternimmt Aichhorn seine Analysen um den Begriff der Übertragung herum. Nur bei drei Gelegenheiten erwähnt er die Schrift von Freud von 1921.[164] Sicherlich ist die Identifizierung mit einem Führer nicht sein Bezugspunkt! Das heißt aber nicht, dass er das Problem der Identifizierung vernachlässigt. Das letzte Kapitel des Werkes behandelt nämlich die Herausbildung des Ichideals, bei der »Züge der Eltern dem Wesen des Kindes einverleibt«[165] werden. Wenn dem Ichideal des Kindes »jene Züge fehlen [...], die dem Ich gesellschafts-

---

[162] Man wird für die Würdigung des Milieus auf die Institutionelle Pädagogik warten müssen (A. Vasquez, F. Oury und die anderen), cf. F. Imbert et le GRPI, L'inconscient dans la classe, Paris, ESF, 1996, p. 44.
[163] August Aichhorn (1925): Verwahrloste Jugend. Bern und Stuttgart, Huber, 1965 (5. Auflage), S. 107.
[164] Ibid., S. 127, 153, 187 ff. (Bei der letzten Stelle wird die Arbeit Freuds nicht namentlich erwähnt. B. M.)
[165] Ibid., op. cit., S. 187.

richtiges Handeln vorschreiben«,[166] kann das Kind in die Delinquenz abgleiten. Die »Charakterkorrektur des Verwahrlosten« zielt daher auf eine »Veränderung seines Ichideals«. »Diese wird eintreten, wenn neue Züge aufgenommen werden.«[167] Das Kind »entnimmt« sie dem Erzieher. Die strukturierende Wirkung dieser Aufnahme *einiger* Züge – Aichhorn vermeidet in seinem Text das Moment der Faszination, das heißt der massiven Identifizierung mit dem Bild des Erziehers – entstammt eher der symbolischen Identifizierung, der Identifizierung »mit einem einzigen Zug«, wie es scheint, als der imaginären Identifizierung.

Es gehört nicht zu den geringeren Verdiensten Aichhorns, dass er sich von den massiven Wirkungen der Identifizierung mit dem Chef loslösen konnte.

Es bleibt, dass die Übertragung, reduziert auf die Auffassung einer »zärtlichen Beziehung mit dem Erzieher« und als Voraussetzung der Aufnahme symbolischer Züge, die Einsicht in die Fähigkeit des Milieus – das »strukturierend wirkt, weil es strukturiert ist« (F. Oury, A. Vasquez) – eine *Übertragung in alle Richtungen* hervorzurufen, verdunkelt.

Diese Grenzen der Arbeit Aichhorns, die zu erkennen uns der zeitliche Abstand einiger Jahrzehnten leicht erlaubt, schmälern keineswegs das Verdienst dieses Versuchs, die Wechselbeziehungen von Erziehung, Verhalten in der Gruppe und Psychoanalyse zu artikulieren.

Wir kommen nochmals auf das *Geleitwort*, das Freud dem Werk Aichhorns widmet, zurück und weisen darauf hin, dass Freud, wenn er zwischen Psychoanalyse und Erziehung unterscheidet und diese als einen Bereich *sui generis* anerkennt, den Analysen Aichhorns folgt. Wenn, wie Aichhorn sagt, der in die Psychoanalyse eingeführte Erzieher in dieser »Hilfen« findet, so steht es für ihn außer Frage, dass er in seinem eigenen Bereich eine »psychoanalytische Behandlung« durchführen würde: »[...] noch etwas wollen Sie zur Kenntnis nehmen. Wenn wir die zu uns gebrachten verwahrlosten

---

[166] Ibid., S. 190.
[167] August Aichhorn (1925): Verwahrloste Jugend. Bern und Stuttgart, Huber, 1965 (5. Auflage), S. 199.

Kinder und Jungendlichen sprechen lassen und mit ihnen reden, so ist das keine psychoanalytische Behandlung. Wir ziehen aus ihren Mitteilungen und sonstigen Äußerungen Schlüsse, denen wir dann unseren Erziehungsvorgang anpassen. Sie wissen schon, dass wir in der Psychoanalyse Hilfen suchen, wie sonst in der Psychologie; die Psychoanalyse ist ein Heilverfahren, das hier ebenso wenig zur Besprechung kommen wird, als Sie durch mich zum Psychoanalytiker ausgebildet werden.«[168] Aichhorn fand hier zu derselben Position, wie sie von Zulliger im Jahr 1921 eingenommen wurde (Text 30).

Abschließend halten wir fest, dass der letzte Abschnitt des Werkes zur These Freuds beigetragen zu haben scheint, nach welcher, über alle Unterschiede hinaus, Erziehung und Psychoanalyse in derselben »Absicht« wieder zusammentreffen. Aichhorn schreibt: »Ich meine, der Vergleich des erzieherischen mit dem analytischen Bemühen ist hier nicht richtig gestellt; die Ähnlichkeit zwischen beiden ist an anderer Stelle zu suchen«,[169] nämlich in der Bezugnahme auf die Übertragung und deren Wirkungen: Beim Neurotiker geschehen in einer psychoanalytischen Behandlung »Dauerveränderungen seines Wesens«, die Leistung der Fürsorgeerziehung am »verwahrlosten« Zögling »besteht in einer wirklichen Charakterveränderung, im Aufrichten des sozial gerichteten Ichideals, das heißt im Nachholen jenes Stücks der individuellen Entwicklung, das dem Verwahrlosten zur vollen Kulturfähigkeit gemangelt hat.«

---

[168] August Aichhorn (1925): Verwahrloste Jugend. Bern und Stuttgart, Huber, 1965 (5. Auflage), S. 28.
[169] Ibid., S. 200.

Hans Zulliger und die Beziehung zum Lehrer

In einem Artikel in der *Zeitschrift für psychoanalytische Pädagogik* mit dem Titel »Über eine Lücke in der psychoanalytischen Pädagogik« wirft Zulliger den Anhängern der »psychoanalytischen Pädagogik« vor, »dass sie ihr Augenmerk bis dahin viel zu sehr individuell-psychologischen Dingen zugewendet und die massenpsychologischen etwas vernachlässigt haben«[170] und auch, dass sie in der Klasse die Zweierbeziehung mit dem Kind auf Kosten der Dimension der Gruppe zu sehr bevorzugt haben. Für diese Kollektivpsychologie bezieht sich Zulliger auf die Arbeit Freuds, *Massenpsychologie und Ich-Analyse*, die im Jahr 1921 veröffentlicht worden ist.

Eine Gemeinschaft und ihr Führer

Freud entwickelt in diesem Text die Unterscheidung zwischen »verschiedenen Arten von Massen«:[171] »Sehr flüchtigen« oder »höchst dauerhaften«, »natürlichen« oder »künstlichen«, »primitiven« oder »hochorganisierten«, schließlich »führerlosen« Massen, oder solchen »mit Führern«. Er entscheidet sich, seine Untersuchung »an hochorganisierten, dauerhaften, künstlichen Massen« durchzuführen, zudem charakterisiert durch die Gegenwart eines »Oberhaupts«: an der Kirche und an der Armee.

Diese beiden Massen sind hinsichtlich einer horizontalen Achse – die Beziehungen der Individuen der Masse untereinander und hinsichtlich einer vertikalen Achse –, die Beziehung der Masse zu einem »Führer«, der wie ein »Vaterersatz« fungiert, organisiert. Die Beziehung zu Christus oder zum »Feldherrn« ist die erste. Sie begründet die Beziehung zwischen den

---

[170] Hans Zulliger: Über eine Lücke in der psychoanalytischen Pädagogik. In: Zeitschrift für psychoanalytische Pädagogik. Wien, Internationaler Psychoanalytischer Verlag, X. Jg., 1936, S. 359.

[171] Sigmund Freud (1921): Massenpsychologie und Ich-Analyse. GW XIII, S. 101.

Mitgliedern: »Es ist nicht zu bezweifeln, dass die Bindung jedes Einzelnen an Christus auch die Ursache ihrer Bindung untereinander ist.«[172] Ebenso verhält es sich beim Heer: »der Feldherr ist der Vater, der alle seine Soldaten gleich liebt, und darum sind sie Kameraden untereinander«[173] (Text 24). Es ist diese zentrale Wichtigkeit der »Rolle des Führers in der Masse«,[174] das »Gottesbedürfnis« oder auch die Notwendigkeit der Gegenwart des »Hirten« für die »Herde«, die Freud der Konzeption W. Trotters gegenüberstellt, der in seinen Augen unfähig ist zu erfassen, dass »das Wesen der Masse bei Vernachlässigung des Führers nicht zu begreifen sei.«[175] Freud stützt seine Kritik auf drei Beispiele ab: auf das Verhalten in der »Kinderstube«, im »Schulzimmer« und der »Schar von schwärmerisch verliebten Frauen und Mädchen, die den Sänger oder Pianisten nach seiner Produktion umdrängen«[176] (Text 25). Wir merken an, dass, wenn in den Dreißigerjahren die freudschen Analysen – unter anderen Bataille – dazu dienen werden, das Phänomen des Faschismus zu erklären, Freud im Jahr 1921 eigentlich an den Kommunismus denkt.

In seinem Text von 1936 schreibt Zulliger: »Psychoanalytische Pädagogik ist eine Erziehungsweise, die auf psychoanalytischem Verständnis der Kinder in ihrer Eigenschaft als Einzelindividuum und als Masse, und auf dem Verständnis der Erzieherreaktionen beruht. Ihr Zweck ist, die Kinder sozial, mit einem anderen Wort »gemeinschaftsfähig« [...] zu machen [...].«[177] Aufgrund seiner Lektüre Freuds bemerkt Zulliger zur psychoanalytischen Pädagogik, dass es sich dabei »weniger um die Psychologie einzelner Menschen und affektiv und libidinös gefärbter Paar-Beziehungen als um die Erforschung, Kenntnis und bewusste Regulierung der seeli-

---

[172] Sigmund Freud (1921): Massenpsychologie und Ich-Analyse. GW XIII, S. 102.
[173] GW XIII, S. 102.
[174] GW XIII, S. 132.
[175] Ibid.
[176] GW XIII, S. 133.
[177] Hans Zulliger: Über eine Lücke in der psychoanalytischen Pädagogik. Op. cit., S. 343. Wir greifen hier zurück auf die Analysen von F. Imbert: Vers une clinique du pédagogique. Vigneux, Matrice, 1992.

schen Relationen *zwischen einer Gemeinschaft und ihrem Leiter*«[178] handelt (Text 34). So führt die Anwendung der freudschen Analyse auf die Klassengruppe Zulliger dazu, die Beziehung der Gruppe der Kinder zum Lehrer nach dem Modell der Beziehung der Masse zu ihrem »Führer« zu denken. Die beiden Fälle gehören zur abschließenden These des VIII. Kapitels von *Massenpsychologie und Ich-Analyse*. Man liest da: »Eine solche primäre Masse ist eine Anzahl von Individuen, die ein und dasselbe Objekt an die Stelle ihres Ichideals gesetzt und sich infolgedessen in ihrem Ich miteinander identifiziert haben«.[179]

Wenn auf der makro-sozialen Ebene das »Objekt« der Führer ist, der den Platz des Ichideals des Subjektes einnimmt, ist auf der mikro-sozialen Ebene der Klasse »das illusionierte Objekt [...] mit all jenen wertvollen Eigenschaften ausgestattet, die sich das kleine Kind als im Vater verkörpert vorstellt, es ist die als vollkommen phantasierte Vater-Imago, und der Lehrer gilt unbewusst als dessen reale und ihm nahe kommende Verkörperung.«[180] Zulliger scheint sich jedoch vom freudschen Paradigma der »Masse« zu entfernen, wenn er den »Führer« als »Mittler« zwischen dem Kind und dem Ideal umdefiniert: »Er [der Lehrer] ist nicht das Ideal selbst, aber er ist, wie gesagt, dessen Mittler. Ihm kommt insofern eine ähnliche Rolle zu wie dem Priester. Er muss der Anwalt der Ideale sein [...].«[181] In Wirklichkeit verwandelt diese Variante die Struktur nicht. Sie führt Zulliger sogar zu einer anderen Schwierigkeit: die Folge dieser »Rolle« des Lehrers ist nämlich, dass er der einzige ist, der die Funktion der Vermittlung ausübt.[182]

---

[178] Hans Zulliger: Über eine Lücke in der psychoanalytischen Pädagogik. Op. cit., S. 338.

[179] Zitiert von Hans Zulliger, op. cit., S. 355. Wir haben den Text der Studienausgabe wieder hergestellt. (Sigmund Freud, GW XIII, S. 128.)

[180] Hans Zulliger, op. cit., S. 355.

[181] Ibid., S. 356.

[182] Für die von Zulliger geförderte Pädagogik heißt das: »[Es] ist innerhalb der Schule nicht nur danach zu trachten, sämtliche Schülerbetätigungen soweit wie möglich als Gemeinschaftsarbeiten einzurichten und Stoff- und Stundenpläne entsprechend umzugestalten; vor allem sind die sogenannten ›Disziplinarfälle‹ einzelner Schüler zur Gemeinschaftserziehung auszunutzen, wobei dem Lehrer

Freud beabsichtigt, die Herabsetzung des Ichideals in Massensituationen, in der Hörigkeit Verliebter und auch unter Hypnose im grellsten Licht zu zeigen. Diese Situationen entsprechen libidinösen Bindungen, bei denen »das Objekt [...] sich an die Stelle des Ichideals gesetzt« hat.[183] In diesem Zustand »versagen die dem Ichideal zugeteilten Funktionen gänzlich. Es schweigt die Kritik, die von dieser Instanz ausgeübt wird; alles, was das Objekt tut und fordert, ist recht und untadelhaft.«[184] »Demütige Unterwerfung«, »Gefügigkeit« und »Kritiklosigkeit gegen den Hypnotiseur wie gegen das geliebte Objekt«, sowie gegenüber dem »Führer« charakterisieren diese »Untergrabung«[185] des Ichideals (der symbolischen Dimension). Zulliger geht das Risiko ein, die Gruppe der Klasse von diesem Modell aus zu denken. Lacan aber wird unterstreichen: »Und zwar ist es so, dass Freuds Schema der Hypnose gleichzeitig die Formel für den Massenwahn liefert, der ja in der Abfassungszeit des Artikels zusehends Realität gewann.«[186]

Imaginäre und symbolische Identifizierung

Das große Verdienst Zulligers war, aus der Lehrer-Schüler-Zweierbeziehung herauskommen zu wollen, aber er verfügte nicht über die theoretischen Werkzeuge, die ihm erlaubt hätten, sich von der Faszination der *Massenpsychologie* loszureißen. Mit der von Lacan herausgearbeiteten Unterscheidung der Dimensionen des Imaginären und des Symbolischen

---

die Rolle des Mittlers, des Parlamentärs zwischen Trieb-Ich und Über-Ich zukommt.« (Ibid, S. 345.)

[183] Sigmund Freud: Massenpsychologie und Ich-Analyse. GW XIII, S. 125.
[184] Ibid.
[185] Jacques Lacan: Das Seminar, 1, Die technischen Schriften Freuds. Weinheim, Berlin, Quadriga, 1990, S. 182: »Die Liebe ist ein Phänomen, das sich auf der Ebene des Imaginären abspielt und eine wahrhafte Unterwanderung des Symbolischen, eine Art Annullierung, Verwirrung der Funktion des Ichideals provoziert.«
[186] Jacques Lacan: Das Seminar, XI, Die vier Grundbegriffe der Psychoanalyse. Weinheim, Berlin, 1996 (4. Auflage), Quadriga, S. 286.

und der wichtigen Rolle, die in diesem Zusammenhang das Ichideal als symbolische Marke, als »einzigen Zug«, der die imaginäre Beziehung vermittelt, spielt, können wir die Falle vermeiden, in die Zulliger getappt ist.

Das Paradox der Geschichte ist, dass es genau derselbe Text Freuds ist, auf den sich Zulliger bezog und aus welchem Lacan den »einzigen Zug« als »Grundlage« des Ichideals[187] oder auch als symbolische Identifizierung, die »nicht die spiegelbildliche, unmittelbare« ist,[188] woran sich der »Wahn« einer »Masse zu zweit« oder zu mehreren knüpft, herauslösen konnte. Schließlich ist es derselbe Text, in dem in der Nachfolge Lacans die Institutionelle Pädagogik (Fernand Oury, Aïda Vasquez *et al.*) ihrerseits einen ihrer theoretisch strukturierenden Bezugspunkte finden wird.

Erinnern wir daran, dass die Identifizierung, welche den einzigen Zug ins Spiel bringt, »Kern des Ichideals«, dem zweiten Typ von Identifizierung entspricht, den das Kapitel VII der *Massenpsychologie* herausarbeitet. An dieser Identifizierung mit einem einzigen Zug hob Freud hervor, dass sie »eine partielle, höchst beschränkte ist, nur einen einzigen Zug von der Objektperson entlehnt«.[189] Der Beitrag Lacans besteht darin, dass er ihre Funktion, die narzisstischen (imaginären) Identifizierungen zu unterstützen und zu regulieren, erklärt. Der theoretische Gewinn besteht darin, einsichtig zu machen, dass »die Regulierung des Imaginären von etwas abhängt, das transzendent situiert ist [...], wobei das Transzendente in diesem Falle nichts anderes wäre als die symbolische Verbindung zwischen den menschlichen Wesen«.[190] Die Beziehung zu meinem Bild und (oder) zum Bild des anderen, die Qualität dieser Beziehung, ihre Spannungen, ihre todbringenden Sackgassen und ihre Augenblicke der Perfektion hängen von dieser symbolischen Vermittlung ab, die Ichideal heißt. »Das ist die Funktion, die Triebfeder, die instrumentelle Effizienz des Ichideals.«[191]

---

[187] Jacques Lacan: Das Seminar, XI, Die vier Grundbegriffe der Psychoanalyse. S. 269.
[188] Ibid., S. 282.
[189] Sigmund Freud: Massenpsychologie und Ich-Analyse. GW XIII, S. 117.
[190] Jacques Lacan: Die technischen Schriften Freuds. Op. cit., S. 181.
[191] Jacques Lacan: Die vier Grundbegriffe der Psychoanalyse. Op. cit., S. 270.

Was die imaginäre Beziehung zum anderen, die vollkommene Zweierbeziehung, betrifft, so kann sie nicht anders als im Modus der überwältigenden Eindringung und des todbringenden Agierens gelebt werden, da jede symbolische Vermittlung, jeder Bezug zu einem Ichideal fehlt. In Ermangelung eines symbolischen Dritten herrscht das »Du oder Ich«.[192]

Vasquez und Oury unterstreichen, dass diese zweite Identifizierung, welche die symbolische Ordnung zum Tragen bringt, gerade daher die Pädagogik interessiert, »weil sie minimal bleibt«, einen symbolischen Zug betrifft und nicht das Bild des Lehrers.[193] Das Kind kann von dem Augenblick an diesen symbolischen Zug dem Lehrer entnehmen, sobald dieser sich als fähig erweist, auf seinen Rang, auf die imaginären Vorrechte seiner Funktion zu verzichten. Damit wird er sich als Garanten der strukturierenden Gesetze des Menschlichen erweisen. Die Autoren des Buchs *Vers une pédagogie institutionnelle* unterstreichen, dass im Rahmen der Institutionellen Pädagogik der Lehrer tatsächlich »das Geheimnis der wahren Sprache besitzt«: dieser »Lehrer, der zuhört, der die Kinder reden lässt, erlaubt wie ein Psychoanalytiker jedem Kind (das, wiederholen wir es, nicht mit dem Bild des Lehrers identifiziert ist) in der Klasse den Zugang zu einem ›wahren Wort‹ zu haben, insofern als das Kind vom Lehrer als unterscheidenden Zug genau dieses Gesetz der Sprache übernommen hat«.

Der dritte Typ von Identifizierung, den Freud in seinem Text von 1921 herausgearbeitet hat, strukturiert sich, im Gegensatz zur Identifizierung durch Introjektion, um eine imaginäre Projektion herum. Es handelt sich um eine »hysterische« Identifizierung, bei welcher sich das Individuum in das Begehren des anderen projiziert, sich mit dem anderen verwechselt, mit dem Risiko, sich in seinem einzigartigen Anderssein nicht mehr wiederzufinden. Ohne Zweifel sollen diese Identifizierungen, wie Oury und Vasquez präzisieren, »nicht systematisch vermieden werden. [Denn] sie sind die Grundlage des Lernens, als Nachahmung der Verhaltensweisen

---

[192] Jacques Lacan: Das Seminar, II, Das Ich in der Theorie Freuds und in der Technik der Psychoanalyse. Weinheim, Berlin, Quadriga, 1991, S. 216.
[193] Fernand Oury/Aïda Vasquez (1967): Vers une pédagogie institutionnelle. Vigneux, Matrice, 1993, S. 185.

des anderen, die im Bild, das der andere ihm selbst gibt, ergriffen wird.«[194]
Die imaginäre Beziehung zum anderen ist Bestandteil der menschlichen
Wirklichkeit. Es gibt kein rein symbolisches Subjekt, und das »Ich« wird
auf der Grundlage von imaginären Identifizierungen gebildet. Aber es ist
wichtig, diese Beziehungen zu *regulieren,* sonst laufen sie Gefahr, sich
im Kreise zu drehen oder sich in den Sackgassen der Zweierbeziehungen
einzuschließen. Man wird verstehen, dass der Gewinn der Institutionellen
Pädagogik kein anderer ist, wie Jean Oury unterstreicht, als »die mehr oder
weniger automatisch ablaufenden imaginären Identifizierungen (der Kinder, die ein jedes mit seiner Rolle, um sie zu unterscheiden, um den Tisch
sitzen) in Übereinstimmung mit einem Gesetz zu regulieren«. Jean Oury
ergänzte, dass »die Umarbeitung der Identifizierungen dasjenige ist, was
das Individuum vorwärts bringt«.

Die Klasse ist nicht der Ort, wo sich eine »Masse« ansammelt, ist keine
»kollektive Bildung«. Es geht weder um die Unterwerfung unter den »Führer«, noch um die imaginäre Identifizierung der einen mit den anderen.
Während Zulliger die symbolische Dimension nur als Werte und Ideale
entziffert, als deren Anwalt der Lehrer handeln soll, indem er die Funktion
des »Priesters« oder »Unterhändlers« zwischen dem »triebhaften Ich« und
dem »Idealich« übernimmt, wird ersichtlich, dass es vielmehr ein Netz von
Instanzen, von Vermittlungsmöglichkeiten ist, welches die symbolische
Funktion zum Tragen bringt, als der Lehrer selbst. Aber das kann Zulliger
nicht denken.

Geständnisse, Bekenntnisse

In einem später, im Jahr 1961, veröffentlichten Werk[195] wird Zulliger seine
Analysen ausgehend von *Massenpsychologie und Ich-Analyse* von neuem
entwickeln.

In Bezug auf die »Gemeinschaft« schreibt er: »Die Glieder einer Ge-

---

[194] Fernand Oury/Aïda Vasquez, op. cit., S. 186..
[195] Hans Zulliger: Horde, Bande, Gemeinschaft. Stuttgart, Klett, 1961.

meinschaft sind einander sehr innig durch eine gemeinsame hohe Idee verbunden, auf die sich alle freiwillig verpflichtet haben und die ihr Dasein trägt. Es sei nochmals auf die Gemeinschaften des Urchristentums verwiesen, um zu illustrieren, was gemeint ist.«[196] Er zitiert darauf Binswanger, der betont: »In der Gemeinschaft gibt es weder Herr und Knecht, noch Vorgesetzte und Untergebene [...] sondern nur Ebenbürtige, ebenbürtig hinsichtlich der Gesinnung.«[197] Aber er wendet ein: »Die Idee, welche die Gemeinschaft trägt, ist von einem Menschen geschaffen worden, und er erwarb sich damit die Führerrolle [...] – es ist mir keine Gemeinschaft bekannt, die nicht einen Führer oder einen Führerstellvertreter besitzt.« Und Zulliger zitiert in einer Fußnote Freud. Er übernimmt hier die Argumentation des Artikels von 1936: »Er [der Führer] ist der ›Mittler‹ zum Ideal, steht einem nicht dermaßen ferne, wie dieses selbst, das man so heiß ersehnt, und er ist aus Fleisch und Blut.«[198] Als Beispiel erwähnt Zulliger Lehrer, die aufgrund der »Kraft der Faszination«,[199] mit der sie auf die Schüler einwirken, eine »Horde« in eine »Gemeinschaft« verwandeln konnten. Offensichtlich scheint die im großen Maßstab ausgeübte Faszination eines Führers oder Duces Zulligers Einstellung nicht erschüttert zu haben. So führt die Treue zu den freudschen Analysen in *Massenpsychologie und Ich-Analyse* schließlich zum Gegenteil der von Freud an die Erzieher gerichteten »Ratschläge«, die Kinder nicht an sich selbst angleichen zu wollen, jeder narzisstischen Begeisterung zu widerstehen. Die »Faszination«[200] ist für Zulliger der Schlüssel zum Erfolg oder Misserfolg im Gebiet der Erziehung – sogar, wenn sie zu einer gewissen »Verblödung«[201] führen sollte. (Text 35)

Diese Ausrichtung auf den »Führer« führt Zulliger dazu, die »Schülergenossenschaften«, die er mit Freinet in Verbindung bringt, zu kritisieren. Seine Kritik wendet sich gegen die »Reglementierung«, welche diese Ge-

---

[196] Hans Zulliger: Horde, Bande, Gemeinschaft. Stuttgart, Klett, 1961, S. 83.
[197] Ibid., S. 84.
[198] Ibid.
[199] Ibid., S. 195/196.
[200] Ibid., S. 199.
[201] Ibid., S. 198.

nossenschaften herbeigeführt haben: »Kinder sind noch nicht imstande, noch nicht so weit entwickelt, dass sie sich an ›Buchstaben‹, an Paragraphen, binden können.«[202] Die Kinder sind unreif, unfähig, »sich selber Gesetze zu geben«.[203] Diese behinderte Sicht auf das Kind, Folge der Logik, die Zulliger lähmt, mündet in die These: Es braucht einen »Führer«. »So sehr einfach ist es nicht, aus Kindern Gemeinschaften zu gestalten, auch dann nicht, wenn man diese Kinder selber zu ihren Gesetzgebern macht. Es genügt nicht, Richtlinien und Ideale zu postulieren, es braucht dazu die freigewählte Bindung an einen Führer.«[204] Aber es geschieht, dass sich ein dieser Meinung widersprechender Sinn in der schönen Erzählung eines gemeinsamen Fahrradausflugs und seiner Folgen vernehmen lässt: Die Fähigkeit der Kinder, sich selber zu organisieren, scheint der entscheidende Beweggrund des Erfolgs dieses Abenteuers zu sein (Text 36), was Zulliger zwar beschreibt, nicht jedoch wirklich anerkennt.

Der Lehrer greift vor allem als »*Führer*« in das Geschehen der Klasse ein. In dieser Position wird er Briefe von Kindern empfangen, die ihn um Rat bitten. Ihm Rahmen von Klassengesprächen wird er die Kinder dazu anregen, »Geständnisse« oder »Bekenntnisse« von Lügen oder Diebereien, die in der Schule oder außerhalb vorgefallen sind, abzulegen. »Das gemeinsame Gestehen kittet die Gemeinschaft zusammen.«[205] Und: »Als Veranlasser der Beichte und der Gewissensentlastung« festigt es die »Stellung« des Lehrers »als Gemeinschaftsführer«. Schließlich gibt es in der Klasse Zulligers »freie Aufsätze«, d. h. »*völlig freiwillige Mitteilungen* der Schüler an den Lehrer«:[206] »Die freien Aufsätze, in denen der Verfasser dem Lehrer etwas sehr Persönliches verrät, sind als eine Folge davon zu betrachten, dass die *affektive Gemeinschafts-Führer-Relation* hergestellt ist und spielt.«[207]

---

[202] Hans Zulliger: Horde, Bande, Gemeinschaft. Stuttgart, Klett, 1961, S. 110.
[203] Ibid., S. 111.
[204] Ibid., S. 113.
[205] Ibid., S. 130.
[206] Ibid., S. 131 (kursiv im Original).
[207] Ibid., S. 131/132 (kursiv im Original). Dieser »freie Aufsatz«, der sich ganz um die Lehrer-Schüler Beziehung dreht, hat nichts mehr mit dem freien Text der

Hier zeigen sich die Gefahren, denen man sich aussetzt, wenn man eine Erziehung nach den Thesen Freuds von 1921 definiert. Kurz gesagt, und wir folgen hier der Lektüre, die Lacan von den Texten Freuds machen wird, wenn dieser seine Ansicht der Identifizierung gegen die Theorie der Suggestion und Hypnose gestellt, wenn er sich gegen eine rassische und vererbungsmäßige Begriffsbestimmung des Unbewussten abgegrenzt hatte, so blieb er dennoch der Auffassung der Massenpsychologie Le Bons verbunden, die ganz und gar auf der vertikalen Achse und auf den suggestiven und hypnotischen Wirkungen zwischen Führer und Masse zentriert ist.[208]

Die Reise, die Lacan im Jahr 1945 nach England unternimmt, lässt ihn die Arbeit der englischen Psychiater entdecken, denen es während des Kriegs gelungen war, Borderline-Patienten und Delinquente wieder arbeitsfähig zu machen, indem sie sie in kleine autonome Gruppen integrierten, die von einem Therapeuten geleitet werden, der »weder den Platz eines Chefs noch eines autoritären Vaters« einnimmt. Lacan konnte hier eine Illustration des Untergangs der väterlichen Imago in den gegenwärtigen demokratischen Gesellschaften finden, über den er in seinem Text über die »Familie« (1938) geschrieben hatte. Die Arbeiten von John Rickman und Wilfred Bion über die kleinen Gruppen während des Krieges hatten so zur Herausbildung von »Gruppen ohne Chef« geführt und erlaubten, den von Freud auf Kosten der »horizontalen Identifizierung« zugestandenen Vorrang der »vertikalen Identifizierung« in Frage zu stellen.[209] Es wurde somit möglich, sich dieses Niedergangs der väterlichen Imago wie deren wahnhaften Verstärkung im Nazismus und Faschismus bewusst zu werden.

Freinet-Pädagogik zu tun.

[208] Wir folgen hier den Analysen Elisabeth Roudinescos, in: Jacques Lacan. Esquisse d'une vie, histoire d'un système de pensée. Paris, Fayard, 1993, S. 232-236. Man lese, von derselben Autorin, die Analysen über *Die Psychologie der Massen* von Gustave Le Bon (Wien-Paris. Die Geschichte der Psychoanalyse in Frankreich, Band 1, 1885-1939, S. 146-158).

[209] In seinem Buch *Erfahrungen in Gruppen* (1961) schreibt W. R. Bion: »In Freuds Anschauung scheinen die gefährlichen Möglichkeiten, die in dem Phänomen der Führerschaft liegen, nicht klar hervorzutreten.« (Frankfurt am Main, Fischer, 1991, S. 131.)

Während seiner Reise, schreibt Elisabeth Roudinesco, konnte Lacan feststellen, »dass eine Theorie einer ›Macht ohne Chef‹, begründet auf dem Vorrang der horizontalen Achse, der Theorie der ›Macht des Chefs über die Gruppe‹, begründet auf der Bevorzugung der vertikalen Achse, überlegen war«. Das Denken über die Erziehung löst sich hier von der Faszination für die freudsche Theorie der Identifizierung der »Massenpsychologie«...

Wenn der Text Freuds aus dem Jahr 1921 auch den unüberschreitbaren Horizont der Analysen Zulligers bildet, so soll nicht unerwähnt bleiben, dass derselbe Verfasser in demselben Jahr (1921) ein kleines außerordentliches Buch mit dem Titel *Psychanalytische Erfahrungen aus der Volksschulpraxis* veröffentlicht hatte, das noch nicht unter dem Joch der Massenpsychologie stand. Es enthält eine Sammlung kurzer Erzählungen, zentriert um Augenblicke, in denen ein Kind einen Teil seiner Leiden – seiner Hemmungen oder erfahrener Gewalt – auflöst. Wenn diese Monografien manchmal durch ihren Deutungseifer sündigen, sie ein wenig den Eindruck »wilder Deutungen« erwecken, so findet man in ihnen dennoch die Schönheit und Frische der Anfänge (Texte 31, 32, 33).

Originaltexte

Ein biologisch festgelegter Prozess

1. Die Unlust, gebunden an den sexuellen Trieb

Sigmund Freud: Brief an Fließ, 1. Januar 1896. In: Aus den Anfängen der Psychoanalyse. Frankfurt am Main, Fischer, 1962, S. 130 (Brief 39/Manuskript K)

Tief in psychologische Rätsel führt nun die Erkundigung, woher die Unlust stamme, die durch vorzeitige Sexualreizung entbunden werden soll, ohne die doch eine Verdrängung nicht zu erklären ist. Die nächstliegende Antwort wird sich darauf berufen, dass Scham und Moralität die verdrängenden Kräfte sind, und dass die natürliche Nachbarschaft der Sexualorgane unfehlbar beim Sexualerlebnis auch Ekel erwecken muss. Wo keine Scham besteht (wie beim männlichen Individuum), keine Moral zustande kommt (wie bei den niederen Volksklassen), wo der Ekel durch die Lebensbedingungen abgestumpft ist (wie auf dem Lande), da wird auch keine Verdrängung, somit keine Neurose die Folge der infantilen Sexualreizung sein. Ich fürchte indes, diese Erklärung hält tieferer Prüfung nicht stand. Ich glaube nicht, dass die Unlustentbindung bei Sexualerlebnissen Folge von zufälliger Beimengung gewisser Unlustmomente ist. Die alltägliche Erfahrung lehrt, dass bei genügend hoher Libido Ekel nicht verspürt wird, Moral überwunden wird, und ich meine, dass die Entstehung von Scham durch tieferen Zusammenhang mit dem Sexualerlebnis verknüpft ist. Meine Meinung ist, es muss eine unabhängige Quelle der Unlustentbindung im Sexualleben geben; ist diese einmal da, so kann sie Ekelwahrnehmungen beleben, der Moral Kraft verleihen u. dgl.

2. Etwas Organisches

Sigmund Freud: Brief an Fließ, 14. November 1897. In: Aus den Anfängen der Psychoanalyse. Frankfurt am Main, Fischer, 1962, S. 199/200 (Brief 75)

Dass bei der Verdrängung etwas Organisches mitwirkt, habe ich oft geahnt, dass es sich um die Auflassung von ehemaligen Sexualzonen handelt, konnte ich Dir schon einmal erzählen und beifügen, dass ich zu meinem Vergnügen eine solche Idee auch bei Moll angetroffen. Die Priorität des Einfalls trete ich privatim niemandem ab; bei mir hatte sich die Vermutung an die veränderte Rolle der Geruchssensationen geknüpft: Aufrechter Gang, Nase vom Boden abgehoben, damit eine Anzahl von früher interessanten Sensationen, die an der Erde haften, widerlich geworden – durch einen mir noch unbekannten Vorgang. (Er trägt die Nase hoch = Er hält sich für etwas besonders Edles.) Die Zonen nun, welche beim normalen und reifen Menschen sexuelle Entbindung nicht mehr produzieren, müssen Afterregion und Mund-Rachengegend sein. Das ist zweifach gemeint, erstens dass ihr Anblick und ihre Vorstellung nicht mehr erregend wirkt, zweitens dass die von ihnen ausgehenden Binnensensationen keinen Beitrag zur Libido liefern, wie die von den eigentlichen Sexualorganen. Bei den Tieren bestehen diese Sexualzonen nach beiden Hinsichten in Kraft; wo sich das auch beim Menschen fortsetzt, entsteht Perversion.

Ödipus

3. Die Überwindung von Kindheitsresten

Sigmund Freud: Über Psychoanalyse. Fünf Vorlesungen (1909). GW VIII, S. 49-51

Die primitive Objektwahl des Kindes, die sich von seiner Hilfsbedürftigkeit ableitet, fordert unser weiteres Interesse heraus. Sie wendet sich zunächst allen Pflegepersonen zu, die aber bald hinter den Eltern zurücktreten. Die Beziehung der Kinder zu ihren Eltern ist, wie direkte Beobachtung des Kindes und spätere analytische Erforschung des Erwachsenen übereinstimmend dartun, nicht frei von Elementen sexueller Miterregung. Das Kind nimmt beide Elternteile und einen Teil besonders zum Objekt seiner erotischen Wünsche. Gewöhnlich folgt es dabei selbst einer Anregung der Eltern, deren Zärtlichkeit die deutlichsten Charaktere einer, wenn auch in ihren Zielen gehemmten, Sexualbetätigung hat. Der Vater bevorzugt in der Regel die Tochter, die Mutter den Sohn; das Kind reagiert hierauf, indem es sich als Sohn an die Stelle des Vaters, als Tochter an die Stelle der Mutter wünscht. Die Gefühle, die in diesen Beziehungen zwischen Eltern und Kindern und in den daran angelehnten zwischen den Geschwistern untereinander geweckt werden, sind nicht nur positiver, zärtlicher, sondern auch negativer, feindseliger Art. Der so gebildete Komplex ist zur baldigen Verdrängung bestimmt, aber er übt noch vom Unbewussten her eine großartige und nachhaltige Wirkung aus. Wir dürfen die Vermutung aussprechen, dass er mit seinen Ausläufern den *Kernkomplex* einer jeden Neurose darstellt, und wir sind darauf gefasst, ihn auf anderen Gebieten des Seelenlebens nicht minder wirksam anzutreffen. Der Mythos vom König *Ödipus*, der seinen Vater tötet und seine Mutter zum Weib gewinnt, ist eine noch wenig abgeänderte Offenbarung des infantilen Wunsches, dem sich späterhin die *Inzest*schranke abweisend entgegenstellt. Die *Hamlet*-Dichtung Shakespeares ruht auf demselben Boden des besser verhüllten Inzestkomplexes.

Um die Zeit, da das Kind von dem noch unverdrängten Kernkomplex beherrscht wird, setzt ein bedeutungsvolles Stück seiner intellektuellen Betätigung im Dienste der Sexualinteressen ein. Es beginnt zu forschen, woher die Kinder kommen, und errät in Verwertung der ihm gebotenen Anzeichen mehr von den wirklichen Verhältnissen, als die Erwachsenen ahnen können. Gewöhnlich hat die materielle Bedrohung durch ein neu angekommenes Kind, in dem es zunächst nur den Konkurrenten erblickt, sein Forscherinteresse geweckt. Unter dem Einfluss der in ihm selbst tätigen Partialtriebe gelangt es zu einer Anzahl von »*infantilen Sexualtheorien*«, wie dass es beiden Geschlechtern das gleiche männliche Genitale zuspricht, dass es die Kinder durch Essen empfangen und durch das Ende des Darmes geboren werden lässt, und dass es den Verkehr der Geschlechter als einen feindseligen Akt, eine Art von Überwältigung erfasst. Aber gerade die Unfertigkeit seiner sexuellen Konstitution und die Lücke in seinen Kenntnissen, die durch die Latenz des weiblichen Geschlechtskanals gegeben ist, nötigt den infantilen Forscher, seine Arbeit als erfolglos einzustellen. Die Tatsache dieser Kinderforschung selbst, sowie die einzelnen durch sie zutage geförderten infantilen Sexualtheorien bleiben von bestimmender Bedeutung für die Charakterbildung des Kindes und den Inhalt seiner späteren neurotischen Erkrankung.

Es ist unvermeidlich und durchaus normal, dass das Kind die Eltern zu Objekten seiner ersten Liebeswahl mache. Aber seine Libido soll nicht an diese ersten Objekte fixiert bleiben, sondern sie späterhin bloß zum Vorbild nehmen und von ihnen zur Zeit der definitiven Objektwahl auf fremde Personen hinübergleiten. Die *Ablösung* des Kindes von den Eltern wird so zu einer unentrinnbaren Aufgabe, wenn die soziale Tüchtigkeit des jungen Individuums nicht gefährdet werden soll. Während der Zeit, da die Verdrängung die Auslese unter den Partialtrieben der Sexualität trifft, und später, wenn der Einfluss der Eltern gelockert werden soll, der den Aufwand für diese Verdrängungen im wesentlichen bestritten hat, fallen der Erziehungsarbeit große Aufgaben zu, die gegenwärtig gewiss nicht immer in verständnisvoller und einwandfreier Weise erledigt werden.

Meine Damen und Herren! Urteilen Sie nicht etwa, dass wir uns mit diesen Erörterungen über das Sexualleben und die psychosexuelle Entwicklung des Kindes allzu weit von der Psychoanalyse und von der Aufgabe der Beseitigung nervöser Störungen entfernt haben. Wenn Sie wollen, können Sie die psychoanalytische Behandlung nur als eine fortgesetzte Erziehung zur Überwindung von Kindheitsresten beschreiben.

Das Über-Ich

4. *Vom Elternpaar zum Schicksal*

Sigmund Freud: Das ökonomische Problem des Masochismus (1924). GW XIII, S. 379-381

Wir haben dem Über-Ich die Funktion des Gewissens zugeschrieben und im Schuldbewusstsein den Ausdruck einer Spannung zwischen Ich und Über-Ich erkannt. Das Ich reagiert mit Angstgefühlen (Gewissensangst) auf die Wahrnehmung, dass es hinter den von seinem Ideal, dem Über-Ich, gestellten Anforderungen zurückgeblieben ist. Nun verlangen wir zu wissen, wie das Über-Ich zu dieser anspruchsvollen Rolle gekommen ist und warum das Ich im Falle einer Differenz mit seinem Ideal sich fürchten muss.

Wenn wir gesagt haben, das Ich finde seine Funktion darin, die Ansprüche der drei Instanzen, denen es dient, miteinander zu vereinbaren, sie zu versöhnen, so können wir hinzufügen, es hat auch dabei sein Vorbild, dem es nachstreben kann, im Über-Ich. Dies Über-Ich ist nämlich ebenso sehr der Vertreter des Es wie der Außenwelt. Es ist dadurch entstanden, dass die ersten Objekte der libidinösen Regungen des Es, das Elternpaar, ins Ich introjiziert wurden, wobei die Beziehung zu ihnen desexualisiert wurde, eine Ablenkung von den direkten Sexualzielen erfuhr. Auf diese Art wurde erst die Überwindung des Ödipuskomplexes ermöglicht. Das Über-Ich behielt nun wesentliche Charaktere der introjizierten Personen bei, ihre Macht, Strenge, Neigung zur Beaufsichtigung und Bestrafung. Wie an anderer Stelle ausgeführt, ist es leicht denkbar, dass durch die Triebentmischung, welche mit einer solchen Einführung ins Ich einhergeht, die Strenge eine Steigerung erfuhr. Das Über-Ich, das in ihm wirksame Gewissen, kann nun hart, grausam, unerbittlich gegen das von ihm behütete Ich werden. Der kategorische Imperativ Kants ist so der direkte Erbe des Ödipuskomplexes.

Die nämlichen Personen aber, welche im Über-Ich als Gewissensinstanz weiterwirken, nachdem sie aufgehört haben, Objekte der libidinösen Regungen des Es zu sein, gehören aber auch der realen Außenwelt an. Dieser sind sie entnommen worden; ihre Macht, hinter der sich alle Einflüsse der Vergangenheit und Überlieferung verbergen, war eine der fühlbarsten Äußerungen der Realität. Dank diesem Zusammenfallen wird das Über-Ich, der Ersatz des Ödipuskomplexes, auch zum Repräsentanten der realen Außenwelt und so zum Vorbild für das Streben des Ichs.

Der Ödipuskomplex erweist sich so, wie bereits historisch gemutmaßt wurde, als die Quelle unserer individuellen Sittlichkeit (Moral). Im Laufe der Kindheitsentwicklung, welche zur fortschreitenden Loslösung von den Eltern führt, tritt deren persönliche Bedeutung für das Über-Ich zurück. An die von ihnen erübrigten Imagines schließen dann die Einflüsse von Lehrern, Autoritäten, selbstgewählten Vorbildern und sozial anerkannten Helden an, deren Personen von dem resistenter gewordenen Ich nicht mehr introjiziert zu werden brauchen. Die letzte Gestalt dieser mit den Eltern beginnenden Reihe ist die dunkle Macht des Schicksals, welches erst die wenigsten von uns unpersönlich zu erfassen vermögen. Wenn der holländische Dichter Multatuli die Μοιρα [Schicksal] der Griechen durch das Götterpaar Λογος και Αναγκη [Vernunft und Notwendigkeit] ersetzt, so ist dagegen wenig einzuwenden; aber alle, die die Leitung des Weltgeschehens der Vorsehung, Gott oder Gott und der Natur übertragen, erwecken den Verdacht, dass sie diese äußersten und fernsten Gewalten immer noch wie ein Elternpaar – mythologisch – empfinden und sich mit ihnen durch libidinöse Bindungen verknüpft glauben. Ich habe im *Ich und Es* den Versuch gemacht, auch die reale Todesangst der Menschen von einer solchen elterlichen Auffassung des Schicksals abzuleiten. Es scheint sehr schwer, sich von ihr frei zu machen.

5. Das Über-Ich des Kindes baut auf dem Über-Ich der Eltern auf

Sigmund Freud: Neue Folge der Vorlesungen zur Einführung der Psychoanalyse (1933). GW XV, S. 72-74

Kehren wir zum Über-Ich zurück! Wir haben ihm die Selbstbeobachtung, das Gewissen und die Idealfunktion zugeteilt. Aus unseren Ausführungen über seine Entstehung geht hervor, dass es eine unsäglich wichtige biologische wie eine schicksalsvolle psychologische Tatsache zu Voraussetzungen hat, nämlich die lange Abhängigkeit des Menschenkindes von seinen Eltern und den Ödipuskomplex, die beide wieder innig miteinander verknüpft sind. Das Über-Ich ist für uns die Vertretung aller moralischen Beschränkungen, der Anwalt des Strebens nach Vervollkommnung, kurz das, was uns von dem sogenannt Höheren im Menschenleben psychologisch greifbar geworden ist. Da es selbst auf den Einfluss der Eltern, Erzieher und dergleichen zurückgeht, erfahren wir noch mehr von seiner Bedeutung, wenn wir uns zu diesen seinen Quellen wenden. In der Regel folgen die Eltern und die ihnen analogen Autoritäten in der Erziehung des Kindes den Vorschriften des eigenen Über-Ichs. Wie immer sich ihr Ich mit ihrem Über-Ich auseinandergesetzt haben mag, in der Erziehung des Kindes sind sie streng und anspruchsvoll. Sie haben die Schwierigkeiten ihrer eigenen Kindheit vergessen, sind zufrieden, sich nun voll mit den eigenen Eltern identifizieren zu können, die ihnen seinerzeit die schweren Einschränkungen auferlegt haben. So wird das Über-Ich des Kindes eigentlich nicht nach dem Vorbild der Eltern, sondern des elterlichen Über-Ichs aufgebaut; es erfüllt sich mit dem gleichen Inhalt, es wird zum Träger der Tradition, all der zeitbeständigen Wertungen, die sich auf diesem Wege über Generationen fortgepflanzt haben. Sie erraten leicht, welch wichtige Hilfen für das Verständnis des sozialen Verhaltens der Menschen, z. B. für das der Verwahrlosung, vielleicht auch welch praktische Winke für die Erziehung sich aus der Berücksichtigung des Über-Ichs ergeben. Wahrscheinlich sündigen die sogenannt materialistischen Geschichtsauffassungen darin, dass sie diesen Faktor unterschätzen. Sie tun ihn mit der Bemerkung ab, dass die

»Ideologien« der Menschen nichts anderes sind als Ergebnis und Überbau ihrer aktuellen ökonomischen Verhältnisse. Das ist die Wahrheit, aber sehr wahrscheinlich nicht die ganze Wahrheit. Die Menschheit lebt nie ganz in der Gegenwart, in den Ideologien der Über-Ichs lebt die Vergangenheit, die Tradition der Rasse und des Volkes fort, die den Einflüssen der Gegenwart, neuen Veränderungen, nur langsam weicht, und solange sie durch das Über-Ich wirkt, eine mächtige, von den ökonomischen Verhältnissen unabhängige Rolle im Menschenleben spielt.

Der Konflikt zwischen dem Ich und der Sexualität

6. *Der psychische Konflikt*

Sigmund Freud: Vorlesungen zur Einführung in die Psychoanalyse (1915-16), 22. Vorlesung. GW XI, S. 362-364

Der Konflikt wird durch die Versagung heraufbeschworen, indem die ihrer Befriedigung verlustige Libido nun darauf angewiesen ist, sich andere Objekte und Wege zu suchen. Er hat zur Bedingung, dass diese anderen Wege und Objekte bei einem Anteil der Persönlichkeit ein Missfallen erwecken, sodass ein Veto erfolgt, welches die neue Weise der Befriedigung zunächst unmöglich macht. [...] Die abgewiesenen libidinösen Strebungen bringen es zustande, sich auf gewissen Umwegen doch durchzusetzen, allerdings nicht ohne dem Einspruch durch gewisse Entstellungen und Milderungen Rechnung zu tragen. Die Umwege sind die Wege der Symptombildung, die Symptome sind die neue oder Ersatzbefriedigung, die durch die Tatsache der Versagung notwendig geworden ist. [...]

Welches sind aber die Mächte, von denen der Einspruch gegen die libidinöse Strebung ausgeht, die andere Partei im pathogenen Konflikt? Es sind, ganz allgemein gesagt, die nicht sexuellen Triebkräfte. Wir fassen sie als »Ichtriebe« zusammen; die Psychoanalyse der Übertragungsneurosen gibt uns keinen guten Zugang zu ihrer weiteren Zerlegung, wir lernen sie höchstens einigermaßen durch die Widerstände kennen, die sich der Analyse entgegensetzen. Der pathogene Konflikt ist also ein solcher zwischen den Ichtrieben und den Sexualtrieben. [...]

Oft und oft, wenn die Psychoanalyse ein seelisches Geschehen als Leistung der Sexualtriebe in Anspruch genommen hat, wurde ihr in ärgerlicher Abwehr vorgehalten, der Mensch bestehe nicht nur aus Sexualität, es gebe im Seelenleben noch andere Triebe und Interessen als die sexuellen, man dürfe nicht »alles« von der Sexualität ableiten u. dgl. Nun, es ist hocherfreulich, sich auch einmal eines Sinnes mit seinen Gegnern zu finden. Die Psychoanalyse hat nie vergessen, dass es auch nicht sexuelle Triebkräfte gibt, sie hat sich auf der scharfen Sonderung der sexuellen Triebe von den Ichtrieben aufgebaut und vor jedem Einspruch behauptet, nicht dass die Neurosen aus der Sexualität hervorgehen, sondern dass sie dem Konflikt zwischen Ich und Sexualität ihren Ursprung danken. Sie hat auch gar kein denkbares Motiv, Existenz oder Bedeutung der Ichtriebe zu bestreiten, während sie die Rolle der sexuellen Triebe in der Krankheit und im Leben verfolgt. Nur dass es ihr Schicksal geworden ist, sich in erster Linie mit den Sexualtrieben zu beschäftigen, weil diese durch die Übertragungsneurosen der Einsicht am ehesten zugänglich geworden sind, und weil es ihr obgelegen hat, das zu studieren, was andere vernachlässigt hatten.

7. Zwei verschiedene Erziehungsstile. Ein »Beispiel aus der Phantasie«

Sigmund Freud: Vorlesungen zur Einführung in die Psychoanalyse (1915-16), 22. Vorlesung. GW XI, S. 365-367

Um Ihnen den Einfluss der Ichentwicklung auf die Konfliktbildung und somit auf die Verursachung der Neurosen zu demonstrieren, möchte ich Ihnen ein Beispiel vorführen, das zwar durchaus erfunden ist, aber sich in keinem Punkte von der Wahrscheinlichkeit entfernt. Ich will es in Anlehnung an den Titel einer Nestroyschen Posse mit der Charakteristik »Zu ebener Erde und im ersten Stock« versehen. Zu ebener Erde wohnt der Hausbesorger, im ersten Stock der Hausherr, ein reicher und vornehmer Mann. Beide haben Kinder, und wir wollen annehmen, dass es dem Töchterchen des Hausherrn gestattest ist, unbeaufsichtigt mit dem Proletarierkind zu spielen. Dann kann es sehr leicht geschehen, dass die Spiele der Kinder einen ungezogenen, das heißt sexuellen Charakter annehmen, dass sie »Vater und Mutter« spielen, einander bei den intimen Verrichtungen beschauen und an den Genitalien reizen. Das Hausmeistermädchen, das trotz seiner fünf oder sechs Jahre manches von der Sexualität der Erwachsenen beobachten konnte, mag dabei die Rolle der Verführerin übernehmen. Diese Erlebnisse reichen hin, auch wenn sie sich nicht über lange Zeit fortsetzten, um bei beiden Kindern gewisse sexuelle Regungen zu aktivieren, die sich nach dem Aufhören der gemeinsamen Spiele einige Jahre hindurch als Masturbation äußern. Soweit die Gemeinsamkeit; der endliche Erfolg wird bei beiden Kindern sehr verschieden sein. Die Tochter des Hausbesorgers wird die Masturbation etwa bis zum Auftreten der Periode fortsetzen, sie dann ohne Schwierigkeit aufgeben, wenige Jahre später einen Geliebten nehmen, vielleicht auch ein Kind bekommen, diesen oder jenen Lebensweg einschlagen, der sie vielleicht zur populären Künstlerin führt, die als Aristokratin endigt. Wahrscheinlich wird ihr Schicksal minder glänzend ausfallen, aber jedenfalls wird sie ungeschädigt durch die vorzeitige Betätigung ihrer Sexualität, frei von Neurose, ihr Leben erfüllen. Anders das Töchterchen des Hausherrn. Dies wird frühzeitig und noch als Kind die Ahnung bekommen, dass es etwas Unrechtes getan habe, wird nach kürzerer Zeit, aber vielleicht erst nach hartem Kampf, auf die masturbatorische Befriedigung verzichten und trotzdem etwas Gedrücktes in seinem Wesen behalten. Wenn sie in den Jungmädchenjahren in die Lage kommt, etwas vom menschlichen Sexualverkehr zu erfahren, wird sie sich mit unerklärtem Abscheu davon abwenden und unwissend bleiben wollen. Wahrscheinlich unterliegt sie jetzt auch einem von neuem auftretenden unbezwingbaren Drang zur Masturbation, über den sich zu beklagen sie nicht wagt. In den Jahren, da sie einem Manne als Weib gefallen soll, wird die Neurose bei ihr losbrechen, die sie um Ehe und Lebenshoffnung betrügt. Gelingt es nun durch Analyse Einsicht in diese Neurose zu gewinnen, so zeigt sich, dass dies wohlerzogene, intelligente und hochstrebende Mädchen seine Sexualregungen vollkommen verdrängt hat, dass diese aber, ihr unbewusst, an den armseligen Erlebnissen mit ihrer Kinderfreundin haften.

Die Verschiedenheit der beiden Schicksale trotz gleichen Erlebens rührt daher, dass das Ich der einen eine Entwicklung erfahren hat, welche bei der anderen nicht eingetreten ist. Der Tochter des Hausbesorgers ist die Sexualbetätigung später ebenso natürlich und unbedenklich erschienen wie in der Kindheit. Die Tochter des Hausherrn hat die Einwirkung der Erziehung erfahren und deren Ansprüche angenommen. Ihr Ich hat aus den ihm dargebotenen Anregungen Ideale von weiblicher Reinheit und Unbedürftigkeit gebildet, mit denen sich die sexuelle Betätigung nicht verträgt; ihre intellektuelle Ausbildung hat ihr Interesse für die weibliche Rolle, zu der sie bestimmt ist, erniedrigt. Durch diese höhere moralische und intellektuelle Entwicklung ihres Ichs ist sie in den Konflikt mit den Ansprüchen ihrer Sexualität geraten.

8. Die »drei Wege«. Das Pferd von Schilda

Sigmund Freud: Über Psychoanalyse (1909). GW VIII, S. 57-60

Welches sind überhaupt die Schicksale der durch die Psychoanalyse freigelegten unbewussten Wünsche, auf welchen Wegen verstehen wir es, sie für das Leben des Individuums unschädlich zu machen? Dieser Wege sind mehrere. Am häufigsten ist der Erfolg, dass dieselben schon während der Arbeit durch die korrekte seelische Tätigkeit der ihnen entgegenstehenden besseren Regungen aufgezehrt werden. Die *Verdrängung* wird durch eine mit den besten Mitteln durchgeführte *Verurteilung* ersetzt. Dies ist möglich, weil wir zum großen Teil nur Folgen aus früheren Entwicklungsstadien des Ichs zu beseitigen haben. Das Individuum brachte seinerzeit nur eine Verdrängung des unbrauchbaren Triebes zustande, weil es damals selbst noch unvollkommen organisiert und schwächlich war; in seiner heutigen Reife und Stärke kann es vielleicht das ihm Feindliche tadellos beherrschen. Ein zweiter Ausgang der psychoanalytischen Arbeit ist der, dass die aufgedeckten unbewussten Triebe nun jener zweckmäßigen Verwendung zugeführt werden können, die sie bei ungestörter Entwicklung schon früher hätten finden sollen. Die Ausrottung der infantilen Wunschregungen ist nämlich keineswegs das ideale Ziel der Entwicklung. Der Neurotiker hat durch seine Verdrängungen viele Quellen seelischer Energie eingebüßt, deren Zuflüsse für seine Charakterbildung und Betätigung im Leben sehr wertvoll gewesen wären. Wir kennen einen weit zweckmäßigeren Vorgang der Entwicklung, die sogenannte *Sublimierung*, durch welchen die Energie infantiler Wunschregungen nicht abgesperrt wird, sondern verwertbar bleibt, indem den einzelnen Regungen statt des unbrauchbaren ein höheres, eventuell nicht mehr sexuelles Ziel gesetzt wird. Gerade die Komponenten des Sexualtriebes sind durch solche Fähigkeit zur Sublimierung, zur Vertauschung ihres Sexualzieles mit einem entlegeneren und sozial wertvolleren, besonders ausgezeichnet. Den auf solche Weise gewonnenen Energiebeiträgen zu unseren seelischen Leistungen verdanken wir wahrscheinlich die höchsten kulturellen Erfolge. Eine frühzeitig vorgefallene Verdrängung schließt die Sublimierung des verdrängten Triebes aus; nach Aufhebung der Verdrängung ist der Weg zur Sublimierung wieder frei.

Wir dürfen es nicht versäumen, auch den dritten der möglichen Ausgänge der psychoanalytischen Arbeit ins Auge zu fassen. Ein gewisser Anteil der verdrängten libidinösen Regungen hat ein Anrecht auf direkte Befriedigung und soll sie im Leben finden. Unsere Kulturansprüche machen für die meisten der menschlichen Organisationen das Leben zu schwer, fördern dadurch die Abwendung von der Realität und die Entstehung der Neurosen, ohne einen Überschuss von kulturellem Gewinn durch dies Übermaß von Sexualverdrängung zu erzielen. Wir sollten uns nicht so weit überheben, dass wir das ursprünglich Animalische unserer Natur völlig vernachlässigen, dürfen auch nicht daran vergessen, dass die Glücksbefriedigung des einzelnen nicht aus den Zielen unserer Kultur gestrichen werden kann. Die Plastizität der Sexualkomponenten, die sich in ihrer Fähigkeit zur Sublimierung kundgibt, mag ja eine große Versuchung herstellen, durch deren immer weitergehende Sublimierung größere Kultureffekte zu erzielen. Aber so wenig wir darauf rechnen, bei unseren Maschinen mehr als einen gewissen Bruchteil der aufgewendeten Wärme in nutzbare mechanische Arbeit zu verwandeln, so wenig sollten wir es anstreben, den Sexualtrieb in seinem ganzen Energieausmaß seinen eigentlichen Zwecken zu entfremden. Es kann nicht gelingen, und wenn die Einschränkung der Sexualität zu weit getrieben werden soll, muss es alle Schädigungen eines Raubbaues mit sich bringen.

Ich weiß nicht, ob Sie nicht Ihrerseits die Mahnung, mit welcher ich schließe, als eine Überhebung auffassen werden. Ich getraue mich nur der indirekten Darstellung meiner Überzeugung, indem ich Ihnen einen alten Schwank erzähle, von dem Sie die Nutzanwendung machen sollen. Die deutsche Literatur kennt ein Städtchen *Schilda*, dessen Einwohnern alle möglichen klugen Streiche nachgesagt werden. Die Schildbürger, so wird erzählt, besaßen auch ein Pferd, mit dessen Kraftleistung sie sehr zufrieden waren, an dem sie nur eines auszusetzen hatten, dass es soviel teuren Hafer verzehrte. Sie beschlossen, ihm diese Unart schonend abzugewöhnen, indem sie seine Ration täglich um mehrere Halme verringerten, bis sie es an die völlige Enthaltsamkeit gewöhnt hätten. Es ging eine Weile vortrefflich, das Pferd war bis auf einen Halm im Tag entwöhnt, am nächsten Tage sollte es endlich haferfrei arbeiten. Am Morgen dieses Tages wurde das tückische Tier tot aufgefunden; die Bürger von Schilda konnten sich nicht erklären, woran es gestorben war.

Wir werden geneigt sein zu glauben, das Pferd sei verhungert, und ohne eine gewisse Ration Hafer sei von einem Tier überhaupt keine Arbeitsleistung zu erwarten.

Ich danke Ihnen für die Berufung und für die Aufmerksamkeit, die Sie mir geschenkt haben.

Die Grenzen der Erziehbarkeit oder das unerbittliche Unbehagen in der Kultur

9. *Das unmögliche goldene Zeitalter*

Sigmund Freud: Die Zukunft einer Illusion (1927). GW XIV, S. 327-330

Es ist merkwürdig, dass die Menschen, so wenig sie auch in der Vereinzelung existieren können, doch die Opfer, welche ihnen von der Kultur zugemutet werden, um ein Zusammenleben zu ermöglichen, als schwer drückend empfinden. Die Kultur muss also gegen den Einzelnen verteidigt werden, und ihre Einrichtungen, Institutionen und Gebote stellen sich in den Dienst dieser Aufgabe; sie bezwecken nicht nur, eine gewisse Güterverteilung herzustellen, sondern auch diese aufrechtzuhalten, ja sie müssen gegen die feindseligen Regungen der Menschen all das beschützen, was der Bezwingung der Natur und der Erzeugung von Gütern dient. Menschliche Schöpfungen sind leicht zu zerstören, und Wissenschaft und Technik, die sie aufgebaut haben, können auch zu ihrer Vernichtung verwendet werden.

So bekommt man den Eindruck, dass die Kultur etwas ist, was einer widerstrebenden Mehrheit von einer Minderzahl auferlegt wurde, die es verstanden hat, sich in den Besitz von Macht- und Zwangsmitteln zu setzen. Es liegt natürlich nahe anzunehmen, dass diese Schwierigkeiten nicht am Wesen der Kultur selbst haften, sondern von den Unvollkommenheiten der Kulturformen bedingt werden, die bis jetzt entwickelt worden sind. In der Tat ist es nicht schwer, diese Mängel aufzuzeigen. Während die Menschheit in der Beherrschung der Natur ständige Fortschritte gemacht hat und noch größere erwarten darf, ist ein ähnlicher Fortschritt in der Regelung der menschlichen Angelegenheiten nicht sicher festzustellen, und wahrscheinlich zu jeder Zeit, wie auch jetzt wieder, haben sich viele Menschen gefragt, ob denn dieses Stück des Kulturerwerbs überhaupt der Verteidigung wert ist. Man sollte meinen, es müsste eine Neuregelung der menschlichen Beziehungen möglich sein, welche die Quellen der Unzufriedenheit mit der Kultur versagen macht, indem sie auf den Zwang und die Triebunterdrückung verzichtet, so dass die Menschen sich ungestört durch inneren Zwist der Erwerbung von Gütern und dem Genuss derselben hingeben könnten. Das wäre das goldene Zeitalter, allein es fragt sich, ob ein solcher Zustand zu verwirklichen ist. Es scheint vielmehr, dass sich jede Kultur auf Zwang und Triebverzicht aufbauen muss; es scheint nicht einmal gesichert, dass beim Aufhören des Zwanges die Mehrzahl der menschlichen Individuen bereit sein wird, die Arbeitsleistung auf sich zu nehmen, deren es zur Gewinnung neuer Lebensgüter bedarf. Man hat, meine ich, mit der Tatsache zu rechnen, dass bei allen Menschen destruktive, also antisoziale und antikulturelle Tendenzen vorhanden sind und dass diese bei einer großen Anzahl von Personen stark genug sind, um ihr Verhalten in der menschlichen Gesellschaft zu bestimmen.

Dieser psychologischen Tatsache kommt eine entscheidende Bedeutung für die Beurteilung der menschlichen Kultur zu. Konnte man zunächst meinen, das Wesentliche an dieser sei die Beherrschung der Natur zur Gewinnung von Lebensgütern und die ihr drohenden Gefahren ließen sich durch eine zweckmäßige Verteilung derselben unter den Menschen beseitigen, so scheint jetzt das Schwergewicht vom Materiellen weg aufs Seelische verlegt. Es wird entscheidend, ob und inwieweit es gelingt, die Last der den Menschen auferlegten Triebopfer zu verringern, sie mit den notwendig verbleibenden zu versöhnen und dafür zu entschädigen. Ebensowenig wie den Zwang zur Kulturarbeit, kann man die Beherrschung der Masse durch eine Minderzahl entbehren, denn die Massen sind träge und einsichtslos, sie lieben den Triebverzicht nicht, sind durch Argumente nicht von dessen Unvermeidlichkeit zu überzeugen, und ihre Individuen bestärken einander im Gewährenlassen ihrer Zügellosigkeit. Nur durch den Einfluss vorbildlicher Individuen, die sie als ihre Führer anerkennen, sind sie zu den Arbeitsleistungen und Entsagungen zu bewegen, auf welche der Bestand der Kultur angewiesen ist. Es ist alles gut, wenn diese Führer Personen von überlegener Einsicht in die Notwendigkeiten des Lebens sind, die sich zur Beherrschung ihrer eigenen Triebwünsche aufgeschwungen haben. Aber es besteht für sie die Gefahr, dass sie, um ihren Einfluss nicht zu verlieren, der Masse mehr nachgeben als diese ihnen, und darum erscheint es notwendig, dass sie durch Verfügung über Machtmittel von der Masse unabhängig seien. [...]

Ich weiß, was man gegen diese Ausführungen einwenden wird. Man wird sagen, der hier geschilderte Charakter der Menschenmassen, der die Unerlässlichkeit des Zwanges zur Kulturarbeit beweisen soll, ist selbst nur die Folge fehlerhafter kultureller Einrichtungen, durch die die Menschen erbittert, rachsüchtig, unzugänglich geworden sind. Neue Generationen, liebevoll und zur Hochschätzung des Denkens erzogen, die frühzeitig die Wohltaten der Kultur erfahren haben, werden auch ein anderes Verhältnis zu ihr haben, sie als ihr eigenstes Besitztum empfinden, bereit sein, die Opfer an Arbeit und Triebbefriedigung für sie zu bringen, deren es zu ihrer Erhaltung bedarf. Sie werden den Zwang entbehren können und sich wenig von ihren Führern unterscheiden. Wenn es menschliche Massen von solcher Qualität bisher in keiner Kultur gegeben hat, so kommt es daher, dass keine Kultur noch die Einrichtungen getroffen hatte, um die Menschen in solcher Weise, und zwar von Kindheit an, zu beeinflussen.

Man kann daran zweifeln, ob es überhaupt oder jetzt schon, beim gegenwärtigen Stand unserer Naturbeherrschung möglich ist, solche kulturelle Einrichtungen herzustellen, man kann die Frage aufwerfen, woher die Anzahl überlegener, unbeirrbarer und uneigennütziger Führer kommen soll, die als Erzieher der künftigen Generationen wirken müssen, man kann vor dem ungeheuerlichen Aufwand an Zwang erschrecken, der bis zur Durchführung dieser Absichten unvermeidlich sein wird. Die Großartigkeit dieses Planes, seine Bedeutsamkeit für die Zukunft der menschlichen Kultur wird man nicht bestreiten können. Er ruht sicher auf der psychologischen Einsicht, dass der Mensch mit den mannigfaltigsten Triebanlagen ausgestattet ist, denen die frühen Kindheitserlebnisse die endgültige Richtung anweisen. Die Schranken der Erziehbarkeit des Menschen setzen darum auch der Wirksamkeit einer solchen Kulturveränderung ihre Grenze. Man mag es bezweifeln, ob und in welchem Ausmaß ein anderes Kulturmilieu die beiden Eigenschaften menschlicher Massen, die die Führung der menschlichen Angelegenheiten so sehr erschweren, auslöschen kann. Das

Experiment ist noch nicht gemacht worden. Wahrscheinlich wird ein gewisser Prozentsatz der Menschheit – infolge krankhafter Anlage oder übergroßer Triebstärke – immer asozial bleiben, aber wenn man es nur zustande bringt, die kulturfeindliche Mehrheit von heute zu einer Minderheit herabzudrücken, hat man sehr viel erreicht, vielleicht alles, was sich erreichen lässt.

Ich möchte nicht der Eindruck erwecken, dass ich mich weit weg von dem vorgezeichneten Weg meiner Untersuchung verirrt habe. Ich will darum ausdrücklich versichern, dass es mir ferneliegt, das große Kulturexperiment zu beurteilen, das gegenwärtig in dem weiten Land zwischen Europa und Asien angestellt wird. Ich habe weder die Sachkenntnis noch die Fähigkeit, über dessen Ausführbarkeit zu entscheiden, die Zweckmäßigkeit der angewandten Methoden zu prüfen oder die Weite der unvermeidlichen Kluft zwischen Absicht und Durchführung zu messen. Was dort vorbereitet wird, entzieht sich als unfertig einer Betrachtung, zu der unsere längst konsolidierte Kultur den Stoff bietet.

10. *Eine Illusion ohne Konsistenz*

Sigmund Freud: Das Unbehagen in der Kultur (1929 [1930]). GW XIV, S. 472-474

Die Kommunisten glauben den Weg zur Erlösung vom Übel gefunden zu haben. Der Mensch ist eindeutig gut, seinem Nächsten wohlgesinnt, aber die Einrichtung des privaten Eigentums hat seine Natur verdorben. Besitz an privaten Gütern gibt dem einen die Macht und damit die Versuchung, den Nächsten zu misshandeln; der vom Besitz Ausgeschlossene muss sich in Feindseligkeit gegen den Unterdrücker auflehnen. Wenn man das Privateigentum aufhebt, alle Güter gemeinsam macht und allen Menschen an deren Genuss teilnehmen lässt, werden Übelwollen und Feindseligkeit unter den Menschen verschwinden. Da alle Bedürfnisse befriedigt sind, wird keiner Grund haben, in dem anderen seinen Feind zu sehen; der notwendigen Arbeit werden sich alle bereitwillig unterziehen. Ich habe nichts

Die Autoritäten

11. *Die Autorität der Eltern überwinden*

Sigmund Freud: Drei Abhandlungen zur Sexualtheorie (1905). GW V, S. 126-128

Inzestschranke. Wenn die Zärtlichkeit der Eltern zum Kinde es glücklich vermieden hat, den Sexualtrieb desselben vorzeitig, das heißt ehe die körperlichen Bedingungen der Pubertät gegeben sind, in solcher Stärke zu wecken, dass die seelische Erregung in unverkennbarer Weise zum Genitalsystem durchbricht, so kann sie ihre Aufgabe erfüllen, dieses Kind im Alter der Reife bei der Wahl des Sexualobjekts zu leiten. Gewiss läge es dem Kinde am nächsten, diejenigen Personen selbst zu Sexualobjekten zu wählen, die es mit einer sozusagen abgedämpften Libido seit seiner Kindheit liebt. Aber durch den Aufschub der sexuellen Reifung ist die Zeit gewonnen worden, neben anderen Sexualhemmnissen die Inzestschranke aufzurichten, jene moralischen Vorschriften in sich aufzunehmen, welche die geliebten Personen der Kindheit als Blutsverwandte ausdrücklich von der Objektwahl ausschließen. Die Beachtung dieser Schranke ist vor allem eine Kulturforderung der Gesellschaft, welche sich gegen die Aufzehrung von Interessen durch die Familie wehren muss, die sie für die Herstellung höherer sozialer Einheiten braucht, und darum mit allen Mitteln dahin wirkt, bei jedem einzelnen, speziell beim Jüngling, den in der Kindheit allein maßgebenden Zusammenhang mit seiner Familie zu lockern.
Die Objektwahl wird aber zunächst in der Vorstellung vollzogen, und das Geschlechtsleben der eben reifenden Jugend hat kaum einen anderen Spielraum, als sich in Phantasien, das heißt in nicht zur Ausführung bestimmten Vorstellungen zu ergehen. In diesen Phantasien treten bei allen Menschen die infantilen Neigungen, nun durch den somatischen Nachdruck verstärkt, wieder auf, und unter ihnen in gesetzmäßiger Häufigkeit und an erster

Stelle die meist bereits durch die Geschlechtsanziehung differenzierte Sexualregung des Kindes für die Eltern, des Sohnes für die Mutter und der Tochter für den Vater. Gleichzeitig mit der Überwindung und Verwerfung dieser deutlich inzestuösen Phantasien wird eine der bedeutsamsten, aber auch schmerzhaftesten, psychischen Leistungen der Pubertätszeit vollzogen, die Ablösung von der Autorität der Eltern, durch welche erst der für den Kulturfortschritt so wichtige Gegensatz der neuen Generation zur alten geschaffen wird. Auf jeder der Stationen des Entwicklungsganges, den die Individuen durchmachen sollen, wird eine Anzahl derselben zurückgehalten, und so gibt es auch Personen, welche die Autorität der Eltern nie überwunden und ihre Zärtlichkeit von denselben nicht oder nur sehr unvollständig zurückgezogen haben. Es sind zumeist Mädchen, die so zur Freude der Eltern weit über die Pubertät hinaus bei der vollen Kinderliebe verbleiben, und da wird es dann sehr lehrreich zu finden, dass es diesen Mädchen in ihrer späteren Ehe an dem Vermögen gebricht, ihren Männern das Gebührende zu schenken. Sie werden kühle Ehefrauen und bleiben sexuell anästhetisch. Man lernt daraus, dass die anscheinend nicht sexuelle Liebe zu den Eltern und die geschlechtliche Liebe aus denselben Quellen gespeist werden, das heißt, dass die erstere nur einer infantilen Fixierung der Libido entspricht.

12. Der »furor prohibendi«

Sigmund Freud: Die Frage der Laienanalyse (1926). GW XIV, S. 268-269

In unserem Vaterlande herrscht von alters her ein wahrer *furor prohibendi*, eine Neigung zum Bevormunden, Eingreifen und Verbieten, die wie wir alle wissen, nicht gerade gute Früchte getragen hat. Es scheint, dass es im neuen, republikanischen Österreich noch nicht viel anders geworden ist. Ich vermute, dass Sie bei der Entscheidung über den Fall der Psychoanalyse, der uns jetzt beschäftigt, ein gewichtiges Wort mitzureden haben; ich weiß nicht, ob Sie die Lust oder den Einfluss haben werden, sich den bürokratischen Neigungen zu widersetzen. Meine unmaßgeblichen Gedanken zu unserer Frage will ich Ihnen jedenfalls nicht ersparen. Ich meine, dass ein Überfluss an Verordnungen und Verboten der Autorität des Gesetzes schadet. Man kann beobachten: Wo nur wenige Verbote bestehen, da werden sie sorgfältig eingehalten; wo man auf Schritt und Tritt von Verboten begleitet wird, da fühlt man förmlich die Versuchung, sich über sie hinwegzusetzen. Ferner, man ist noch kein Anarchist, wenn man bereit ist einzusehen, dass Gesetze und Verordnungen nach ihrer Herkunft nicht auf den Charakter der Heiligkeit und Unverletzlichkeit Anspruch haben können, dass sie oft inhaltlich unzulänglich und für unser Rechtsgefühl verletzend sind oder nach einiger Zeit so werden und dass es bei der Schwerfälligkeit der die Gesellschaft leitenden Personen oft kein anderes Mittel zur Korrektur solch unzweckmäßiger Gesetze gibt, als sie herzhaft zu übertreten. Auch ist es ratsam, wenn man den Respekt vor Gesetzen und Verordnungen erhalten will, keine zu erlassen, deren Einhaltung und Übertretung schwer zu überwachen ist.

Das Verbot zu denken und seine Wirkungen

13. *Das Geheimnis*

Sigmund Freud: Zur sexuellen Aufklärung der Kinder (1907). GW VII, S. 20

Was will man denn erreichen, wenn man den Kindern – oder sagen wir der Jugend – solche Aufklärungen über das menschliche Geschlechtsleben vorenthält? Fürchtet man, ihr Interesse für diese Dinge vorzeitig zu wecken, ehe es sich in ihnen selbst regt? Hofft man, durch solche Verhehlung den Geschlechtstrieb überhaupt zurückzuhalten bis zur Zeit, da er in die ihm von der bürgerlichen Gesellschaftsordnung allein geöffneten Bahnen einlenken kann? Meint man, dass die Kinder für die Tatsachen und Rätsel des Geschlechtslebens kein Interesse oder kein Verständnis zeigten, wenn sie nicht von fremder Seite darauf hingewiesen würden? Hält man es für möglich, dass ihnen die Kenntnis, welche man ihnen versagt, nicht auf andern Wegen zugeführt wird? Oder verfolgt man wirklich und ernsthaft die Absicht, dass sie späterhin alles Geschlechtliche als etwas Niedriges und Verabscheuenswertes beurteilen mögen, von dem ihre Eltern und Erzieher sie so lange als möglich fernhalten wollten?

14. *Der erste psychische Konflikt*

Sigmund Freud: Über infantile Sexualtheorien (1908). GW VII, S. 175-176

Unter der Anregung dieser Gefühle und Sorgen kommt das Kind nun zur Beschäftigung mit dem ersten, großartigen Problem des Lebens und stellt sich die Frage, *woher die Kinder kommen*, die wohl zuerst lautet, woher dieses einzelne störende Kind gekommen ist. Den Nachklang dieser ersten

Rätselfrage glaubt man in unbestimmt vielen Rätseln des Mythus und der Sage zu vernehmen; die Frage selbst ist, wie alles Forschen, ein Produkt der Lebensnot, als ob dem Denken die Aufgabe gestellt würde, das Wiedereintreffen so gefürchteter Ereignisse zu verhüten. Nehmen wir indes an, dass sich das Denken des Kindes alsbald von seiner Anregung frei macht und als selbständiger Forschertrieb weiterarbeitet. Wo das Kind nicht bereits zu sehr eingeschüchtert ist, schlägt es früher oder später den nächsten Weg ein, Antwort von seinen Eltern und Pflegepersonen, die ihm die Quelle des Wissens bedeuten, zu verlangen. Dieser Weg geht aber fehl. Das Kind erhält entweder ausweichende Antwort oder einen Verweis für seine Wissbegierde oder wird mit jener mythologisch bedeutsamen Auskunft abgefertigt, die in deutschen Landen lautet: Der Storch bringe die Kinder, die er aus dem Wasser hole. Ich habe Grund anzunehmen, dass weit mehr Kinder, als die Eltern ahnen, mit dieser Lösung unzufrieden sind und ihr energische Zweifel entgegensetzen, die nur nicht immer offen eingestanden werden. Ich weiß von einem dreijährigen Knaben, der nach erhaltener Aufklärung zum Schrecken seiner Kinderfrau vermisst wurde und sich am Ufer des großen Schlossteiches wiederfand, wohin er geeilt war, um die Kinder im Wasser zu beobachten, von einem anderen, der seinem Unglauben keine andere als die zaghafte Aussprache gestatten konnte, er wisse es besser, nicht der Storch bringe die Kinder, sondern der – Fischreiher. Es scheint mir aus vielen Mitteilungen hervorzugehen, dass die Kinder der Storchtheorie den Glauben verweigern, von dieser ersten Täuschung und Abweisung an aber ein Misstrauen gegen die Erwachsenen in sich nähren, die Ahnung von etwas Verbotenem gewinnen, das ihnen von den »Großen« vorenthalten wird, und darum ihre weiteren Forschungen mit Geheimnis verhüllen. Sie haben dabei aber auch den ersten Anlass eines »psychischen Konflikts« erlebt, indem Meinungen, für die sie eine triebartige Bevorzugung empfinden, die aber den Großen nicht »recht« sind, in Gegensatz zu anderen geraten, die durch die Autorität der »Großen« gehalten werden, ohne ihnen selbst genehm zu sein. Aus diesem psychischen Konflikte kann bald eine »psychische Spaltung« werden; die eine Meinung, mit der die Bravheit, aber auch die Sistierung des Nachdenkens verbunden ist, wird zur herrschenden bewussten; die andere, für die die Forscherarbeit unterdes neue Beweise erbracht hat, die nicht gelten sollen, zur unterdrückten, »unbewussten«. Der Kernkomplex der Neurose findet sich auf diese Weise konstituiert.

15. Das den Frauen auferlegte Verbot zu denken

Sigmund Freud: Die »kulturelle« Sexualmoral und die moderne Nervosität (1908). GW VII, S. 162

Eine spezielle Anwendung dieses Satzes von der Vorbildlichkeit des Sexuallebens für andere Funktionsausübung kann man leicht am ganzen Geschlechte der Frauen konstatieren. Die Erziehung versagt ihnen die intellektuelle Beschäftigung mit den Sexualproblemen, für die sie doch die grösste Wissbegierde mitbringen, schreckt sie mit der Verurteilung, dass solche Wissbegierde unweiblich und Zeichen sündiger Veranlagung sei. Damit sind sie vom Denken überhaupt abgeschreckt, wird das Wissen für sie entwertet. Das Denkverbot greift über die sexuelle Sphäre hinaus, zum Teil infolge der unvermeidlichen Zusammenhänge, zum Teil automatisch, ganz ähnlich wie das religiöse Denkverbot bei Männern, das loyale bei braven Untertanen.

16. Die Infektion durch das Heilige

Sigmund Freud: Die Zukunft einer Illusion (1927). GW XIV, S. 363-365

Wenn die Kultur das Gebot aufgestellt hat, den Nachbar nicht zu töten, den man hasst, der einem im Wege ist oder dessen Habe man begehrt, so geschah es offenbar im Interesse des menschlichen Zusammenlebens, das sonst undurchführbar wäre. Denn der Mörder würde die Rache der Angehörigen des Ermordeten auf sich ziehen und den dumpfen Neid der anderen, die ebensoviel innere Neigung zu solcher Gewalttat verspüren. Er würde sich also seiner Rache oder seines Raubes nicht lange freuen, sondern hätte alle Aussicht, bald selbst erschlagen zu werden. [...] Diese rationelle Begründung des Verbots zu morden teilen wir aber nicht mit, sondern wir behaupten, Gott habe das Verbot erlassen. Wir getrauen uns also seine Absichten zu erraten und finden, auch er will nicht, dass die Menschen einander ausrotten. Indem wir so verfahren, umkleiden wir das Kulturverbot mit einer ganz besonderen Feierlichkeit, riskieren aber dabei, dass wir dessen Befolgung von dem Glauben an Gott abhängig machen. Wenn wir diesen Schritt zurücknehmen, unseren Willen nicht mehr Gott zuschieben und uns mit der sozialen Begründung begnügen, haben wir zwar auf jene Verklärung des Kulturverbots verzichtet, aber auch seine Gefährdung vermieden. Wir gewinnen aber auch etwas anderes. Durch eine Art von Diffusion oder Infektion hat sich der Charakter der Heiligkeit, Unverletzlichkeit, der Jenseitigkeit möchte man sagen, von einigen wenigen großen Verboten auf alle weiteren kulturellen Einrichtungen, Gesetze und Verordnungen ausgebreitet. Diesen steht aber der Heiligenschein oft schlecht zu Gesicht; nicht nur, dass sie einander selbst entwerten, indem sie je nach Zeit und Örtlichkeit entgegengesetzte Entscheidungen treffen, sie tragen auch sonst alle Anzeichen menschlicher Unzulänglichkeit zur Schau. Man erkennt unter ihnen leicht, was nur Produkt einer kurzsichtigen Ängstlichkeit, Äußerung engherziger Interessen oder Folgerung aus unzureichenden Voraussetzungen sein kann. Die Kritik, die man an ihnen üben muss, setzt in unerwünschtem Maße auch den Respekt vor anderen, besser gerechtfertigten Kulturforderungen herab. Da es eine missliche Aufgabe ist zu scheiden, was Gott selbst gefordert hat und was sich eher von der Autorität eines allvermögenden Parlaments oder eines hohen Magistrats ableitet, wäre es ein unzweifelhafter Vorteil, Gott überhaupt aus dem Spiele zu lassen und ehrlich den rein menschlichen Ursprung aller kulturellen Einrichtungen und Vorschriften einzugestehen. Mit der beanspruchten Heiligkeit würde auch die Starrheit und Unwandelbarkeit dieser Gebote und Gesetze fallen. Die Menschen könnten verstehen, dass diese geschaffen sind, nicht so sehr um sie zu beherrschen, sondern vielmehr um ihren Interessen zu dienen, sie würden ein freundlicheres Verhältnis zu ihnen gewinnen, sich anstatt ihrer Abschaffung nur ihre Verbesserung zum Ziel setzten. Dies wäre ein wichtiger Fortschritt auf dem Wege, der zur Versöhnung mit dem Druck der Kultur führt.

17. Eine Weltanschauung und ihre Geschlossenheit

Sigmund Freud: Neue Folge der Vorlesungen zur Einführung in die Psychoanalyse (1933 [1932]). GW XV, S. 194-197

Mit der neugewonnenen Einsicht in die weitreichende Bedeutung ökonomischer Verhältnisse ergab sich die Versuchung, deren Abänderung nicht der historischen Entwicklung zu überlassen, sondern sie durch revolutionären Eingriff selbst durchzusetzen. In seiner Verwirklichung im russischen Bolschewismus hat nun der theoretische Marxismus die Energie, Geschlossenheit und Ausschließlichkeit einer Weltanschauung gewonnen, gleichzeitig aber auch eine unheimliche Ähnlichkeit mit dem, was er bekämpft. Ursprünglich selbst ein Stück Wissenschaft, in seiner Durchführung auf Wissenschaft und Technik aufgebaut, hat er doch ein Denkverbot geschaffen, das ebenso unerbittlich ist wie seinerzeit das der Religion. Eine kritische Untersuchung der marxistischen Theorie ist untersagt, Zweifel an ihrer Richtigkeit werden so geahndet wie einst die Ketzerei von der katholischen Kirche. Die Werke von Marx haben als Quelle einer Offenbarung die Stelle der Bibel und des Korans eingenommen, obwohl sie nicht freier von Widersprüchen und Dunkelheiten sein sollen als die älteren heiligen Bücher.

Und obwohl der praktische Marxismus mit allen idealistischen Systemen und Illusionen erbarmungslos aufgeräumt hat, hat er doch selbst Illusionen entwickelt, die nicht weniger fragwürdig und unbeweisbar sind als die früheren. Er hofft, im Laufe weniger Generationen die menschliche Natur so zu verändern, dass sich ein fast reibungsloses Zusammenleben der Menschen in der neuen Gesellschaftsordnung ergibt und dass sie die Aufgaben der Arbeit zwangsfrei auf sich nehmen. Unterdes verlegt er die in der Gesellschaft unerlässlichen Triebeinschränkungen an andere Stellen und lenkt die aggressiven Neigungen, die jede menschliche Gemeinschaft bedrohen, nach außen ab, stürzt sich auf die Feindseligkeit der Armen gegen die Reichen, der bisher Ohnmächtigen gegen die früheren Machthaber. Aber eine solche Umwandlung der menschlichen Natur ist sehr unwahrscheinlich. Der Enthusiasmus, mit dem die Menge gegenwärtig der bolschewistischen Anregung folgt, solange die neue Ordnung unfertig und von außen bedroht ist, gibt keine Sicherheit für eine Zukunft, in der sie ausgebaut und ungefährdet wäre. Ganz ähnlich wie die Religion muss auch der Bolschewismus seine Gläubigen für die Leiden und Entbehrungen des gegenwärtigen Lebens durch das Versprechen eines besseren Jenseits entschädigen, in dem es kein unbefriedigtes Bedürfnis mehr geben wird. Dies Paradies soll allerdings ein diesseitiges sein, auf Erden eingerichtet und in absehbarer Zeit eröffnet werden. Aber erinnern wir uns, auch die Juden, deren Religion nichts von einem jenseitigen Leben weiß, haben die Ankunft des Messias auf Erden erwartet, und das christliche Mittelalter hat wiederholt geglaubt, dass das Reich Gottes nahe bevorsteht.

Es ist nicht zweifelhaft, wie die Antwort des Bolschewismus auf diese Vorhalte lauten wird. Er wird sagen: Solange die Menschen in ihrer Natur noch nicht umgewandelt sind, muss man sich der Mittel bedienen, die heute auf sie wirken. Man kann den Zwang in ihrer Erziehung nicht entbehren, das Denkverbot, die Anwendung der Gewalt bis zum Blutvergießen, und wenn man nicht jene Illusionen in ihnen erweckte, würde man sie nicht dazu bringen, sich diesem Zwang zu fügen. Und er könnte höflich ersuchen, ihm doch zu sagen, wie man es anders machen könnte. Damit wären wir geschlagen. Ich wüsste keinen Rat zu geben. Ich würde gestehen, dass die Bedingungen dieses Experiments mich und meinesgleichen abgehalten hätten, es zu unternehmen, aber wir sind nicht die einzigen, auf die es ankommt. Es gibt auch Männer der Tat, unerschütterlich in ihren Überzeugungen, unzugänglich dem Zweifel, unempfindlich für die Leiden Anderer, wenn sie ihren Absichten im Wege sind. Solchen Männern verdanken wir es, dass der großartige Versuch einer solchen Neuordnung jetzt in Russland wirklich durchgeführt wird. In einer Zeit, da große Nationen verkünden, sie erwarten ihr Heil nur vom Festhalten an der christlichen Frömmigkeit, wirkt die Umwälzung in Russland – trotz aller unerfreulichen Einzelzüge – doch wie die Botschaft einer besseren Zukunft. Leider ergibt sich weder aus unserem Zweifel noch aus dem fanatischen Glauben der Anderen ein Wink, wie der Versuch ausgehen wird. Die Zukunft wird es lehren, vielleicht wird sie zeigen, dass der Versuch vorzeitig unternommen wurde, dass eine durchgreifende Änderung der sozialen Ordnung wenig Aussicht auf Erfolg hat, solange nicht neue Entdeckungen unsere Beherrschung der

Naturkräfte gesteigert und damit die Befriedigung unserer Bedürfnisse erleichtert haben. Erst dann mag es möglich werden, dass eine neue Gesellschaftsordnung nicht nur die materielle Not der Massen verbannt, sondern auch die kulturellen Ansprüche des Einzelnen erhört. Mit den Schwierigkeiten, welche die Unbändigkeit der menschlichen Natur jeder Art von sozialer Gemeinschaft bereitet, werden wir freilich auch dann noch unabsehbar lange zu ringen haben.

Meine Damen und Herren! Lassen Sie mich zum Schluss zusammenfassen, was ich über die Beziehung der Psychoanalyse zur Frage der Weltanschauung zu sagen hatte. Die Psychoanalyse, meine ich, ist unfähig, eine ihr besondere Weltanschauung zu erschaffen. Sie braucht es nicht, sie ist ein Stück Wissenschaft und kann sich der wissenschaftlichen Weltanschauung anschließen. Diese verdient aber kaum den großtönenden Namen, denn sie schaut nicht alles an, sie ist zu unvollendet, erhebt keinen Anspruch auf Geschlossenheit und Systembildung. Das wissenschaftliche Denken ist noch sehr jung unter den Menschen, hat zuviele der großen Probleme noch nicht bewältigen können. Eine auf die Wissenschaft aufgebaute Weltanschauung hat außer der Betonung der realen Außenwelt wesentlich negative Züge, wie die Bescheidung zur Wahrheit, die Ablehnung der Illusionen. Wer von unseren Mitmenschen mit diesem Zustand der Dinge unzufrieden ist, wer zu seiner augenblicklichen Beschwichtigung mehr verlangt, der mag es sich beschaffen, wo er es findet. Wir werden es ihm nicht verübeln, können ihm nicht helfen, aber auch seinetwegen nicht anders denken.

Ratschläge der Psychoanalyse an die Erziehung

18. *Die Sublimation begünstigen anstatt die Repression und die Verdrängung*

Sigmund Freud: Das Interesse an der Psychoanalyse (1913). GW VIII, S. 419-420

Das gewichtige Interesse der Erziehungslehre an der Psychoanalyse stützt sich auf einen zur Evidenz gebrachten Satz. Ein Erzieher kann nur sein, wer sich in das kindliche Seelenleben einfühlen kann, und wir Erwachsenen verstehen die Kinder nicht, weil wir unsere eigene Kindheit nicht mehr verstehen. Unsere Kindheitsamnesie ist ein Beweis dafür, wie sehr wir ihr entfremdet sind. Die Psychoanalyse hat die Wünsche, Gedankenbildungen, Entwicklungsvorgänge der Kindheit aufgedeckt; alle früheren Bemühungen waren in ärgster Weise unvollständig und irreleitend, weil sie den unschätzbar wichtigen Faktor der Sexualität in ihren körperlichen und seelischen Äußerungen ganz beiseite gelassen hatten. Das ungläubige Erstaunen, mit welchem die gesichertsten Ermittlungen der Psychoanalyse über die Kindheit aufgenommen werden – über den Ödipuskomplex, die Selbstverliebtheit (Narzissmus), die perversen Anlagen, die Analerotik, die sexuelle Wissbegierde –, misst die Distanz, welche unser Seelenleben, unsere Wertungen, ja unsere Gedankenprozesse von denen auch des normalen Kindes trennt.

Wenn sich die Erzieher mit den Resultaten der Psychoanalyse vertraut gemacht haben, werden sie es leichter finden, sich mit gewissen Phasen der kindlichen Entwicklung zu versöhnen, und werden unter anderem nicht in Gefahr sein, beim Kind auftretende sozial unbrauchbare oder perverse Triebregungen zu überschätzen. Sie werden sich eher von dem Versuch einer gewaltsamen Unterdrückung dieser Regungen zurückhalten, wenn sie erfahren, dass solche Beeinflussungen oft nicht minder unerwünschte Erfolge liefern, als das von der Erziehung gefürchtete Gewährenlassen kindlicher Schlechtigkeit. Gewalttätige Unterdrückung starker Triebe von außen bringt bei Kindern niemals das Erlöschen oder die Beherrschung derselben zustande, sondern erzielt eine Verdrängung, welche die Neigung zu späterer neurotischer Erkrankung setzt. Die Psychoanalyse hat oft Gelegenheit zu erfahren, welchen Anteil die unzweckmäßige einsichtlose Strenge der Erziehung an der Erzeugung von nervöser Krankheit hat, oder mit welchen Verlusten an Leistungsfähigkeit und Genussfähigkeit die geforderte Normalität erkauft wird. Sie kann aber auch lehren, welch wertvolle Beiträge zur Charakterbildung diese asozialen und perversen Triebe des Kindes ergeben, wenn sie nicht der Verdrängung unterliegen, sondern durch den Prozess der sogenannten *Sublimierung* von ihren ursprünglichen Zielen weg zu wertvolleren gelenkt werden. Unsere besten Tugenden sind als Reaktionsbildungen und Sublimierungen auf dem Boden der bösesten Anlagen erwachsen. Die Erziehung sollte sich vorsorglich hüten, diese kostbaren Kraftquellen zu verschütten und sich darauf beschränken, die Prozesse zu befördern, durch welche diese Energien auf gute Wege geleitet werden. In der Hand einer psychoanalytisch aufgeklärten Erziehung ruht, was wir von einer individuellen Prophylaxe der Neurosen erwarten können.

19. *Die Lebensfreude geben*

Sigmund Freud: Zur Einleitung der Selbstmord-Diskussion (1910). GW VIII, S. 62-63

Meine Herren! Sie haben alle mit hoher Befriedigung das Plaidoyer des Schulmannes gehört, der die ihm teure Institution nicht unter dem Drucke einer ungerechtfertigten Anklage lassen will. Ich weiß aber, Sie waren ohnedies nicht geneigt, die Beschuldigung, dass die Schule ihre Schüler zum Selbstmord treibe, leichthin für glaubwürdig zu halten. Lassen wir uns indes durch die Sympathie für den Teil, dem hier unrecht geschehen ist, nicht zu weit fortreißen. Nicht alle Argumente des Herrn Vorredners erscheinen mit stichhaltig. Wenn die Jugendselbstmorde nicht bloß die Mittelschüler, sondern auch Lehrlinge u. a. betreffen, so spricht dieser Umstand an sich die Mittelschule nicht frei; er erfordert vielleicht die Deutung, dass die Mittelschule ihren Zöglingen die Traumen ersetzt, welche andere Adoleszenten in ihren anderen Lebensbedingungen finden. Die Mittelschule soll aber mehr leisten, als dass sie die jungen Leute nicht zum Selbstmord treibt; sie soll ihnen Lust zum Leben machen und ihnen Stütze und Anhalt bieten in einer Lebenszeit, da sie durch die Bedingungen ihrer Entwicklung genötigt werden, ihren Zusammenhang mit dem elterlichen Hause und ihrer Familie zu lockern. Es scheint mir unbestreitbar, dass sie dies nicht tut, und dass sie in vielen Punkten hinter ihrer Aufgabe zurückbleibt, Ersatz für die Familie zu bieten und Interesse für das Leben draußen in der Welt zu erwecken. Es ist hier nicht die Gelegenheit zu einer Kritik der Mittelschule in ihrer gegenwärtigen Gestaltung. Vielleicht darf ich aber ein einziges Moment herausheben. Die Schule darf nie vergessen, dass sie es mit noch unreifen Individuen zu tun hat, denen ein Recht auf Verweilen in gewissen, selbst unerfreulichen Entwicklungsstadien nicht abzusprechen ist. Sie darf nicht die Unerbittlichkeit des Lebens für sich in Anspruch nehmen, darf nicht mehr sein wollen als ein Lebensspiel.

20. *Eine sexuelle und staatsbürgerliche Erziehung entwickeln*

Sigmund Freud: Zur sexuellen Aufklärung der Kinder (1907). GW VII, S. 25-27

Es scheint, dass die überwiegende Mehrheit männlicher und weiblicher Autoren, welche über die sexuelle Aufklärung der Jugend geschrieben haben, sich im bejahenden Sinn entscheiden. Aber aus dem Ungeschick der meisten Vorschläge, wann und wie dies zu geschehen hat, ist man versucht zu schließen, dass dies Zugeständnis den Betreffenden nicht leicht geworden ist. Ganz vereinzelt steht nach meiner Literaturkenntnis jener reizende Aufklärungsbrief da, den eine Frau Emma Eckstein an ihren etwa zehnjährigen Sohn zu schreiben vorgibt. Wie man es sonst macht, dass man den Kindern die längste Zeit jede Kenntnis des Sexuellen vorenthält, um ihnen dann einmal in schwülstig-feierlichen Worten eine auch nur halb aufrichtige Eröffnung zu schenken, die überdies meist zu spät kommt, das ist offenbar nicht ganz das Richtige. Die meisten Beantwortungen der Frage »Wie sag's ich meinem Kinde?« machen mir wenigstens einen so kläglichen Eindruck, dass ich vorziehen würde, wenn die Eltern sich überhaupt nicht um die Aufklärung bekümmern würden. Es kommt vielmehr darauf an, dass die Kinder niemals auf die Idee geraten, man wolle ihnen aus den Tatsachen des Geschlechtslebens eher ein Geheimnis machen als aus anderem, was ihrem Verständnisse noch nicht zugänglich ist. Und um dies zu erzielen, ist es erforderlich, dass das Geschlechtliche von allem Anfange an gleich wie anderes Wissenswerte behandelt werde. Vor allem ist es Aufgabe der Schule, der Erwähnung des Geschlechtlichen nicht auszuweichen, die großen Tatsachen der Fortpflanzung beim Unterrichte über die Tierwelt in ihre Bedeutung einzusetzen und sogleich zu betonen, dass der Mensch alles Wesentliche seiner Organisation mit den höheren Tieren teilt. Wenn dann das Haus nicht auf Denkabschreckung hinarbeitet, wird es sich wohl öfter ereignen, was ich einmal in einer Kinderstube belauscht habe, dass ein Knabe seinem jüngeren Schwesterchen vorhält: »Aber wie kannst du denken, dass der Storch die kleinen Kinder bringt. Du weißt ja, dass der Mensch ein Säugetier ist, und glaubst du denn, dass der Storch den *anderen* Säugetieren die Jungen bringt?« Die Neugierde des Kindes wird dann nie einen hohen Grad erreichen, wenn sie auf jeder Stufe des Lernens die entsprechende Befriedigung findet. Die Aufklärung über die spezifisch menschlichen Verhältnisse des Geschlechtslebens und der Hinweis auf die soziale Bedeutung desselben hätte sich dann am Schlusse des Volksschulunterrichtes (und vor Eintritt in die Mittelschule), also nicht nach dem Alter von zehn Jahren, anzuschließen. Endlich würde sich der Zeitpunkt der Konfirmation wie kein anderer dazu eignen, dem bereits über alles Körperliche aufgeklärten Kinde die sittlichen Verpflichtungen, welche an die Ausübung des Triebes geknüpft sind, darzulegen. Eine solche stufenweise fortschreitende und eigentlich zu keiner Zeit unterbrochene Aufklärung über das Geschlechtsleben, zu welcher die Schule die Initiative ergreift, erscheint mir als die einzige, welche der Entwicklung des Kindes Rechnung trägt und darum die vorhandene Gefahr glücklich vermeidet.

Ich halte es für den bedeutsamsten Fortschritt in der Kindererziehung, dass der französische Staat an Stelle des Katechismus ein Elementarbuch eingeführt hat, welches dem Kinde die ersten Kenntnisse seiner staatsbürgerlichen Stellung und der ihm dereinst zufallenden ethischen Pflichten vermittelt. Aber dieser Elementarunterricht ist in arger Weise unvollständig, wenn er nicht das Gebiet des Geschlechtslebens mit umschließt. Hier ist die Lücke, deren Ausfüllung Erzieher und Reformer in Angriff nehmen sollten! In Staaten, welche die Kindererziehung ganz oder teilweise in den Händen der Geistlichkeit belassen haben, darf man allerdings solche Forderung nicht erheben. Der Geistliche wird die Wesensgleichheit von Mensch und Tier nie zugeben, da er auf die unsterbliche Seele nicht verzichten kann, die er braucht, um die Moralforderung zu begründen. So bewährt es sich denn wieder einmal, wie unklug es ist, einem zerlumpten Rock einen einzigen seidenen Lappen aufzunähen, wie unmöglich es ist, eine vereinzelte Reform durchzuführen, ohne an den Grundlagen des Systems zu ändern!

21. *Das väterliche Haus verlassen*

Sigmund Freud: Die Zukunft einer Illusion. GW XIV, S. 373

Gewiss wird der Mensch sich dann in einer schwierigern Situation befinden, er wird sich seine ganze Hilflosigkeit, seine Geringfügigkeit im Getriebe der Welt eingestehen müssen, nicht mehr der Mittelpunkt der Schöpfung, nicht mehr das Objekt zärtlicher Fürsorge einer gütigen Vorsehung. Er wird in derselben Lage sein wie das Kind, welches das Vaterhaus verlassen hat, in dem es ihm so warm und behaglich war. Aber nicht wahr, der Infantilismus ist dazu bestimmt, überwunden zu werden? Der Mensch kann nicht ewig Kind bleiben, er muss endlich hinaus ins »feindliche Leben«. Man darf das die »*Erziehung zur Realität*« heißen...

Der kleine Hans

22. Verständnisvolle Eltern

Sigmund Freud: Zur sexuellen Aufklärung der Kinder (Offener Brief an Dr. M. Fürst) (1907). GW VII, S. 23

Ich kenne da einen prächtigen Jungen von jetzt vier Jahren, dessen verständige Eltern darauf verzichten, ein Stück der Entwicklung des Kindes gewaltsam zu unterdrücken. Der kleine Hans, der sicherlich keinem verführenden Einflusse von seiten einer Warteperson unterlegen ist, zeigt schon seit einiger Zeit das lebhafteste Interesse für jenes Stück seines Körpers, das er als »Wiwimacher« zu bezeichnen pflegt. Schon mit drei Jahren hat er die Mutter gefragt: »Mama, hast du auch einen Wiwimacher?« Worauf die Mama geantwortet: »Natürlich, was hast du denn gedacht?« Dieselbe Frage hat er zu wiederholten Malen an den Vater gerichtet. Im selben Alter zuerst in einen Stall geführt, hat er beim Melken einer Kuh zugeschaut und dann verwundert ausgerufen: »Schau, aus dem Wiwimacher kommt Milch.« Mit dreidreiviertel Jahren ist er auf dem Wege, durch seine Beobachtungen selbständig richtige Kategorien zu entdecken. Er sieht, wie aus einer Lokomotive Wasser ausgelassen wird, und sagt: »Schau, die Lokomotive macht Wiwi; wo hat sie denn den Wiwimacher?« Später setzt er nachdenklich hinzu: »Ein Hund und ein Pferd hat einen Wiwimacher; ein Tisch und ein Sessel nicht.« Vor kurzem hat er zugesehen, wie man sein einwöchiges Schwesterchen badet, und dabei bemerkt: »Aber ihr Wiwimacher ist noch klein. Wenn sie wächst, wird er schon größer werden.« (Dieselbe Stellung zum Problem der Geschlechtsunterschiede ist mir auch von anderen Knaben gleichen Alters berichtet worden.) Ich möchte ausdrücklich bestreiten, dass der kleine Hans ein sinnliches oder gar ein pathologisch veranlagtes Kind sei; ich meine nur, er ist nicht eingeschüchtert worden, wird nicht vom

Schuldbewusstsein geplagt und gibt darum arglos von seinen Denkvorgängen Kunde.

23. *Seine Angst ausdrücken können*

Sigmund Freud: Analyse der Phobie eines fünfjährigen Knaben (1909). GW VII, S. 372-375

Ich getraue mich nur ganz schüchtern, einiges zu seinen Gunsten vorzubringen.

Zunächst, dass Hans nicht das ist, was man sich nach der strengen Observanz unter einem degenerierten, zur Nervosität erblich bestimmten Kinde vorstellen würde, sondern vielmehr ein körperlich wohlgebildeter, heiterer, liebenswürdiger und geistig reger Geselle, an dem nicht nur der eigene Vater seine Freude haben kann. An seiner sexuellen Frühreife freilich ist kein Zweifel, aber es fehlt da viel Vergleichsmaterial zum richtigen Urteile. Aus einer Sammeluntersuchung aus amerikanischer Quelle habe ich z. B. ersehen, dass ähnlich frühe Objektwahl und Liebesempfinden bei Knaben nicht gar so selten angetroffen wird, und aus der Kindergeschichte von später als »groß« erkannten Männern weiß man das nämliche, so dass ich meinen möchte, die sexuelle Frühreife sei ein selten fehlendes Korrelat der intellektuellen, und darum bei begabten Kindern häufiger anzutreffen, als man erwarten sollte.

Ferner mache ich in meiner eingestandenen Parteilichkeit für den kleinen Hans geltend, dass er nicht das einzige Kind ist, das zu irgendeiner Zeit seiner Kinderjahre von Phobien befallen wird. Solche Erkrankungen sind bekanntlich ganz außerordentlich häufig, auch bei Kindern, deren Erziehung an Strenge nichts zu wünschen übrig lässt. Die betreffenden Kinder werden später entweder neurotisch, oder sie bleiben gesund. Ihre Phobien werden in der Kinderstube niedergeschrieen, weil sie der Behandlung unzugänglich und gewiss sehr unbequem sind. Sie lassen dann im Laufe von Monaten oder Jahren nach, heilen anscheinend; welche psychischen Veränderungen eine solche Heilung bedingt, welche Charakterveränderungen mit ihr verknüpft sind, darin hat niemand Einsicht. Wenn man dann einmal einen erwachsenen Neurotiker in psychoanalytische Behandlung nimmt, der, nehmen wir an, erst in reifen Jahren manifest erkrankt ist, so erfährt man regelmäßig, dass seine Neurose an jene Kinderangst anknüpft, die Fortsetzung derselben darstellt, und dass also eine unausgesetzte, aber auch ungestörte psychische Arbeit sich von jenen Kinderkonflikten an durchs Leben fortgesponnen hat, ohne Rücksicht darauf, ob deren erstes Symptom Bestand hatte oder unter dem Drange der Verhältnisse zurückgezogen wurde. Ich meine also, unser Hans ist vielleicht nicht stärker erkrankt gewesen als so viele andere Kinder, die nicht als »Degenerierte« gebrandmarkt werden; aber da er ohne Einschüchterung, mit möglichster Schonung und möglichst geringem Zwang erzogen wurde, hat sich seine Angst kühner hervorgewagt. Die Motive des schlechten Gewissens und der Furcht vor der Strafe haben ihr gefehlt, die sonst gewiss zu ihrer Verkleinerung beitragen. Mir will scheinen, wir geben zu viel auf Symptome und kümmern uns zu wenig um das, woraus sie hervorgehen. In der Kindererziehung gar wollen wir nichts anderes als in Ruhe gelassen werden, keine Schwierigkeiten erleben, kurz, das brave Kind züchten und achten sehr wenig darauf, ob dieser Entwicklungsgang dem Kinde auch frommt. Ich könnte mir also vorstellen, dass es heilsam für unseren Hans war, diese Phobie produziert zu haben, weil sie die Aufmerksamkeit der Eltern auf die unvermeidlichen Schwierigkeiten lenkte, welche die Überwindung der angeborenen Triebkomponenten in der Kulturerziehung dem Kinde bereiten muss, und weil diese seine Störung die Hilfeleistung des Vaters nach sich zog. Vielleicht hat er nun vor anderen Kindern das voraus, dass er nicht mehr jenen Keim verdrängter Komplexe in sich trägt, der fürs spätere Leben jedesmal etwas bedeuten muss, der gewiss Charakterverbildung in irgendeinem Ausmaße mit sich bringt, wenn nicht die Disposition zu einer späteren Neurose. Ich bin geneigt, so zu denken, aber ich weiß nicht, ob noch viele andere mein Urteil teilen werden, weiß auch nicht, ob die Erfahrung mir recht geben wird.

Ich muss aber fragen, was hat nun bei Hans das Anslichtziehen der nicht nur von den Kindern verdrängten, sondern auch von den Eltern gefürchteten Komplexe geschadet? Hat der Kleine nun etwa Ernst gemacht mit seinen Ansprüchen auf die Mutter, oder sind an Stelle der bösen Absichten gegen den Vater Tätlichkeiten getreten? Sicherlich werden das viele befürchtet haben, die das Wesen der Psychoanalyse verkennen und meinen, man verstärke die bösen Triebe, wenn man sie bewusst mache. Diese Weisen handeln dann nur konsequent, wenn sie um Gotteswillen von jeder Beschäftigung mit den bösen Dingen abraten, die hinter den Neurosen stecken. Sie vergessen dabei allerdings, dass sie Ärzte sind, und geraten in eine fatale Ähnlichkeit mit Shakespeares Holzapfel in *Viel Lärm um nichts*, der der ausgeschickten Wache gleichfalls den Rat gibt, sich von jeder Berührung mit den etwa angetroffenen Dieben, Einbrechern recht fernzuhalten. Solches Gesindel sei kein Umgang für ehrliche Leute.

Der Führer

24. *Massen mit Führer*

Sigmund Freud: Massenpsychologie und Ich-Analyse (1921). GW XIII, S. 101-103

Aus der Morphologie der Massen rufen wir uns ins Gedächtnis, dass man sehr verschiedene Arten von Massen und gegensätzliche Richtungen in ihrer Ausbildung unterscheiden kann. Es gibt sehr flüchtige Massen und höchst dauerhafte; homogene, die aus gleichartigen Individuen bestehen, und nicht homogene; natürliche Massen und künstliche, die zu ihrem Zusammenhalt auch einen äußeren Zwang erfordern; primitive Massen und gegliederte, hochorganisierte. Aus Gründen aber, in welche die Einsicht noch verhüllt ist, möchten wir auf eine Unterscheidung besonderen Wert legen, die bei den Autoren eher zu wenig beachtet wird; ich meine die von führerlosen Massen und von solchen mit Führern. Und recht im Gegensatz zur gewohnten Übung soll unsere Untersuchung nicht eine relativ einfache Massenbildung zum Ausgangspunkt wählen, sondern an hochorganisierten, dauerhaften, künstlichen Massen beginnen. Die interessantesten Beispiele solcher Gebilde sind die Kirche, die Gemeinschaft der Gläubigen, und die Armee, das Heer.

Kirche und Heer sind künstliche Massen, das heißt es wird ein gewisser äußerer Zwang aufgewendet, um sie vor der Auflösung zu bewahren und Veränderungen in ihrer Struktur hintanzuhalten. Man wird in der Regel nicht befragt oder es wird einem nicht freigestellt, ob man in eine solche Masse eintreten will; der Versuch des Austrittes wird gewöhnlich verfolgt oder strenge bestraft oder ist an ganz bestimmte Bedingungen geknüpft. Warum diese Vergesellschaftungen so besonderer Sicherungen bedürfen, liegt unserem Interesse gegenwärtig ganz ferne. Uns zieht nur der eine Umstand an, dass man an diesen hochorganisierten, in solcher Weise vor dem Zerfall geschützten Massen mit großer Deutlichkeit gewisse Verhältnisse erkennt, die anderswo weit mehr verdeckt sind.

In der Kirche – wir können mit Vorteil die katholische Kirche zum Muster nehmen – gilt wie im Heer, so verschieden beide sonst sein mögen, die nämliche Vorspiegelung (Illusion), dass ein Oberhaupt da ist – in der katholischen Kirche Christus, in der Armee der Feldherr –, das alle Einzelnen der Masse mit der gleichen Liebe liebt. An dieser Illusion hängt alles; ließe man sie fallen, so zerfielen sofort, soweit der äußere Zwang es gestattete, Kirche wie Heer. Von Christus wird diese gleiche Liebe ausdrücklich ausgesagt: »Was ihr getan habt einem unter diesen meinen geringsten Brüdern, das habt ihr mir getan.« Er steht zu den Einzelnen der gläubigen Masse im Verhältnis eines gütigen älteren Bruders, ist ihnen ein Vaterersatz. Alle Anforderungen an die Einzelnen leiten sich von dieser Liebe Christi ab. Ein demokratischer Zug geht durch die Kirche, eben weil vor Christus alle gleich sind, alle den gleichen Anteil an seiner Liebe haben. Nicht ohne tiefen Grund wird die Gleichartigkeit der christlichen Gemeinde mit einer Familie heraufbeschworen und nennen sich die Gläubigen Brüder in Christo, das heißt Brüder durch die Liebe, die Christus für sie hat. Es ist nicht zu bezweifeln, dass die Bindung jedes Einzelnen an Christus auch die Ursache ihrer Bindung untereinander ist. Ähnliches gilt für das Heer; der Feldherr ist der Vater, der alle seine Soldaten gleich liebt, und darum sind sie Kameraden untereinander. Das Heer unterscheidet sich strukturell von der Kirche darin, dass es aus einem Stufenbau von solchen Massen besteht. Jeder Hauptmann ist gleichsam der Feldherr und Vater seiner Abteilung, jeder Unteroffizier der seines Zuges. Eine ähnliche Hierarchie ist zwar auch in der Kirche ausgebildet, spielt aber in ihr nicht dieselbe ökonomische Rolle, da man Christus mehr Wissen und Bekümmern um die Einzelnen zuschreiben darf als dem menschlichen Feldherrn.

Gegen diese Auffassung der libidinösen Struktur einer Armee wird man mit Recht einwenden, dass die Ideen des Vaterlandes, des nationalen Ruhmes und andere, die für den Zusammenhalt der Armee so bedeutsam sind, hier keine Stelle gefunden haben. Die Antwort darauf lautet, dies sei ein anderer, nicht mehr so einfacher Fall von Massenbindung, und wie die Beispiele großer Heerführer, Caesar, Wallenstein, Napoleon, zeigen, sind solche Ideen für den Bestand einer Armee nicht unentbehrlich. Von dem möglichen Ersatz des Führers durch eine führende Idee und den Beziehungen zwischen beiden wird später kurz die Rede sein. Die Vernachlässigung dieses libidinösen Faktors in der Armee, auch dann, wenn er nicht der einzig wirksame ist, scheint nicht nur ein theoretischer Mangel, sondern auch eine praktische Gefahr. Der preußische Militarismus, der ebenso unpsychologisch war wie die deutsche Wissenschaft, hat dies vielleicht im großen Weltkrieg erfahren müssen. Die Kriegsneurosen, welche die deutsche Armee zersetzten, sind ja großenteils als Protest des Einzelnen gegen die ihm in der Armee zugemutete Rolle erkannt worden, und nach den Mitteilungen von E. Simmel (1918) darf man behaupten, dass die lieblose Behandlung des gemeinen Mannes durch seine Vorgesetzten obenan unter den Motiven der Erkrankung stand. Bei besserer Würdigung dieses Libidoanspruches hätten wahrscheinlich die phantastischen Versprechungen der 14 Punkte des amerikanischen Präsidenten nicht so leicht Glauben gefunden, und das großartige Instrument wäre den deutschen Kriegskünstlern nicht in der Hand zerbrochen.

25. Das Kinderzimmer, das Klassenzimmer und die Fans

Sigmund Freud: Massenpsychologie und Ich-Analyse. GW XIII, S. 129-135

Wir dürfen uns sagen, die ausgiebigen affektiven Bindungen, die wir in der Masse erkennen, reichen voll aus, um einen ihrer Charaktere zu erklären, den Mangel an Selbständigkeit und Initiative beim Einzelnen, die Gleichartigkeit seiner Reaktion mit der aller anderen, sein Herabsinken zum Massenindividuum sozusagen. Aber die Masse zeigt, wenn wir sie als Ganzes ins Auge fassen, mehr; die Züge von Schwächung der intellektuellen Leistung, von Ungehemmtheit der Affektivität, die Unfähigkeit zur Mäßigung und zum Aufschub, die Neigung zur Überschreitung aller Schranken in der Gefühlsäußerung und zur vollen Abfuhr derselben in Handlung, dies und alles Ähnliche, was wir bei Le Bon so eindrucksvoll geschildert finden, ergibt ein unverkennbares Bild von Regression der seelischen Tätigkeit auf eine frühere Stufe, wie wir sie bei Wilden oder bei Kindern zu finden nicht erstaunt sind. Eine solche Regression gehört insbesondere zum Wesen der gemeinen Massen, während sie, wie wir gehört haben, bei hochorganisierten, künstlichen weitgehend hintangehalten werden kann.

Wir erhalten so den Eindruck eines Zustandes, in dem die vereinzelte Gefühlsregung und der persönliche intellektuelle Akt des Individuums zu schwach sind, um sich allein zur Geltung zu bringen, und durchaus auf Bekräftigung durch gleichartige Wiederholung von seiten der anderen warten müssen. Wir werden daran erinnert, wieviel von diesen Phänomenen der Abhängigkeit zur normalen Konstitution der menschlichen Gesellschaft gehört, wie wenig Originalität und persönlicher Mut sich in ihr findet, wie sehr jeder Einzelne durch die Einstellungen einer Massenseele beherrscht wird, die sich als Rasseneigentümlichkeiten, Standesvorurteile, öffentliche Meinung und dergleichen kundgeben. Das Rätsel des suggestiven Einflusses vergrößert sich für uns, wenn wir zugeben, dass ein solcher nicht allein vom Führer, sondern auch von jedem Einzelnen auf jeden Einzelnen geübt wird, und wir machen uns den Vorwurf, dass wir die Beziehung zum Führer einseitig herausgehoben, den anderen Faktor der gegenseitigen Suggestion aber ungebührend zurückgedrängt haben.

Auf solche Weise zur Bescheidenheit gewiesen, werden wir geneigt sein, auf eine andere Stimme zu horchen, welche uns Erklärung auf einfacheren Grundlagen verspricht. [...]

Trotter leitet die an der Masse beschriebenen seelischen Phänomene von einem Herdeninstinkt (*»gregariousness«*) ab, der dem Menschen wie anderen Tierarten angeboren zukommt. Diese Herdenhaftigkeit ist biologisch eine Analogie und gleichsam eine Fortführung der Vielzelligkeit, im Sinne der Libidotheorie eine weitere Äußerung der von der Libido ausgehenden Neigung aller gleichartigen Lebewesen, sich zu immer umfassenderen Einheiten zu vereinigen. Der Einzelne fühlt sich unvollständig *(»incomplete«)*, wenn er allein ist. [...]

Wie Le Bon vorwiegend die charakteristischen flüchtigen Massenbildungen und McDougall die stabilen Vergesellschaftungen, so hat Trotter die allgemeinsten Verbände, in denen der Mensch, dieses ζῷον πολιτικόν lebt, in den Mittelpunkt seines Interesses gerückt [...]. Für Trotter bedarf es aber keiner Ableitung des Herdentriebes, da er ihn als primär und nicht weiter auflösbar bezeichnet. [...]

Aber gegen Trotters Darstellung lässt sich mit noch besserem Recht als gegen die anderen einwenden, dass sie auf die Rolle des Führers in der Masse zu wenig Rücksicht nimmt, während wir doch eher zum gegenteiligen Urteil neigen, dass das Wesen der Masse bei Vernachlässigung des Führers nicht zu begreifen sei. Der Herdeninstinkt lässt überhaupt für den Führer keinen Raum, dieser kommt nur so zufällig zur Herde hinzu, und im Zusammenhange damit steht, dass von diesem Trieb aus auch kein Weg zu einem Gottesbedürfnis führt; es fehlt der Hirt zur Herde. Außerdem aber kann man Trotters Darstellung psychologisch untergraben, das heißt man kann es zum mindesten wahrscheinlich machen, dass der Herdentrieb nicht unzerlegbar, nicht in dem Sinne primär ist wie der Selbsterhaltungstrieb und der Geschlechtstrieb.

Es ist natürlich nicht leicht, die Ontogenese des Herdentriebes zu verfolgen. Die Angst des kleinen Kindes, wenn es allein gelassen wird, die Trotter bereits als Äußerung des Triebes in Anspruch nehmen will, legt doch eine andere Deutung näher. Sie gilt der Mutter, später anderen vertrauten Personen, und ist der Ausdruck einer unerfüllten Sehnsucht, mit der das Kind noch nichts anderes anzufangen weiß, als sie in Angst zu verwandeln. Die Angst des einsamen kleinen Kindes wird auch nicht durch den Anblick eines beliebigen anderen »aus der Herde« beschwichtigt, sondern im Gegenteil durch das Hinzukommen eines solchen »Fremden« erst hervorgerufen. Dann merkt man beim Kinde lange nichts von einem Herdeninstinkt oder Massengefühl. Ein solches bildet sich zuerst in der mehrzähligen Kinderstube aus dem Verhältnis der Kinder zu den Eltern, und zwar als Reaktion auf den anfänglichen Neid, mit dem das ältere Kind das jüngere aufnimmt. Das ältere Kind möchte gewiss das nachkommende eifersüchtig verdrängen, von den Eltern fernhalten und es aller Anrechte berauben, aber angesichts der Tatsache, dass auch dieses Kind – wie alle späteren – in gleicher Weise von den Eltern geliebt wird, und infolge der Unmöglichkeit, seine feindselige Einstellung ohne eigenen Schaden festzuhalten, wird es zur Identifizierung mit den anderen Kindern gezwungen, und es bildet sich in der Kinderschar ein Massen- oder Gemeinschaftsgefühl, welches dann in der Schule seine weitere Entwicklung erfährt. Die erste Forderung dieser Reaktionsbildung ist die nach Gerechtigkeit, gleicher Behandlung für alle. Es ist bekannt, wie laut und unbestechlich sich dieser Anspruch in der Schule äußert. Wenn man schon selbst nicht der Bevorzugte sein kann, so soll doch wenigstens keiner von allen bevorzugt werden. Man könnte diese Umwandlung und Ersetzung der Eifersucht durch ein Massengefühl in Kinderstube und Schulzimmer für unwahrscheinlich halten, wenn man nicht den gleichen Vorgang später unter anderen Verhältnissen neuerlich beobachten würde. Man denke an die Schar von schwärmerisch verliebten Frauen und Mädchen, die den Sänger oder Pianisten nach seiner Produktion umdrängen. Gewiss läge es jeder von ihnen nahe, auf die andere eifersüchtig zu sein, allein angesichts ihrer Anzahl und der damit verbundenen Unmöglichkeit, das Ziel ihrer Verliebtheit zu erreichen, verzichten sie darauf, und anstatt sich gegenseitig die Haare auszuraufen, handeln sie wie eine einheitliche Masse, huldigen dem Gefeierten in gemeinsamen Aktionen und wären etwa froh, sich in seinen Lockenschmuck zu teilen. Sie haben sich, ursprünglich Rivalinnen, durch die gleiche Liebe zu dem nämlichen Objekt miteinander identifizieren können. [...]

Was man dann später in der Gesellschaft als Gemeingeist, *esprit de corps* usw. wirksam findet, verleugnet nicht seine Abkunft vom ursprünglichen Neid. Keiner soll sich hervortun wollen, jeder das gleiche sein und haben. Soziale Gerechtigkeit will bedeuten, dass man sich selbst vieles versagt, damit auch die anderen darauf verzichten müssen, oder was dasselbe ist, es nicht fordern können. [...]

Das soziale Gefühl ruht also auf der Umwendung eines erst feindseligen Gefühls in eine positiv betonte Bindung von der Natur einer Identifizierung. Soweit wir den Hergang bis jetzt durchschauen können, scheint sich diese Umwendung unter dem Einfluss einer gemeinsamen zärtlichen Bindung an eine außer der Masse stehende Person zu vollziehen. Unsere Analyse der Identifizierung erscheint uns selbst nicht als erschöpfend, aber unserer gegenwärtigen Absicht genügt es, wenn wir auf den einen Zug, dass die konsequente Durchführung der Gleichstellung gefordert wird, zurückkommen. Wir haben bereits bei der Erörterung der beiden künstlichen

Massen, Kirche und Armee, gehört, ihre Voraussetzung sei, dass alle von einem, dem Führer, in gleicher Weise geliebt werden. Nun vergessen wir aber nicht, dass die Gleichheitsforderung der Masse nur für die Einzelnen derselben, nicht für den Führer gilt. Alle Einzelnen sollen einander gleich sein, aber alle wollen sie von einem beherrscht werden. Viele Gleiche, die sich miteinander identifizieren können, und ein einziger ihnen allen Überlegener, das ist die Situation, die wir in der lebensfähigen Masse verwirklicht finden.

August Aichhorn[210]

26. *Geleitwort Freuds zu »Verwahrloste Jugend«*

Sigmund Freud: Geleitwort zu August Aichhorn: Verwahrloste Jugend (1929). Bern und Stuttgart, Huber, 1965 (5. Auflage), S. 7; GW XIV, S. 565

Von allen Anwendungen der Psychoanalyse hat keine soviel Interesse gefunden, soviel Hoffnungen erweckt und demzufolge so viele tüchtige Mitarbeiter herangezogen wie die auf die Theorie und Praxis der Kindererziehung. Dies ist leicht zu verstehen. Das Kind ist das hauptsächliche Objekt der psychoanalytischen Forschung geworden; es hat in dieser Bedeutung den Neurotiker abgelöst, an dem sie ihre Arbeit begann. Die Analyse hat im Kranken das wenig verändert fortlebende Kind aufgezeigt wie im Träumer und im Künstler, sie hat die Triebkräfte und Tendenzen beleuchtet, die dem kindlichen Wesen sein ihm eigenes Gepräge geben und die Entwicklungswege verfolgt, die von diesem zur Reife des Erwachsenen führen. Kein Wunder also, wenn die Erwartung entstand, die psychoanalytische Bemühung um das Kind werde der erzieherischen Tätigkeit zugute kommen, die das Kind auf seinem Weg zur Reife leiten, fördern und gegen Irrungen sichern will.

Mein persönlicher Anteil an dieser Anwendung der Psychoanalyse ist sehr geringfügig gewesen. Ich hatte mir frühzeitig das Scherzwort von den drei unmöglichen Berufen – als da sind: Erziehen, Kurieren, Regieren – zu eigen gemacht, war auch von der mittleren dieser Aufgaben hinreichend in Anspruch genommen. Darum verkenne ich aber nicht den hohen sozialen Wert, den die Arbeit meiner pädagogischen Freunde beanspruchen darf.

---

[210] Die folgenden Texte bis einschließlich S. 127 sind entnommen aus: August Aichhorn: *Verwahrloste Jugend*. © Verlag Hans Huber, Bern und Stuttgart 1965, 5. Auflage. Abdruck mit freundlicher Genehmigung des Verlags.

27. Das Risiko der Unordnung

August Aichhorn: Verwahrloste Jugend (1929). Bern und Stuttgart, Huber, 1965 (5. Auflage), S. 128-130

Machen wir [...] noch zwei Besuche in Anstalten für Verwahrloste, einer alten Besserungsanstalt und einer modernen Fürsorgeerziehungsanstalt, um das in diesen geschaffene Milieu auf uns wirken zu lassen.

Kommen wir in die erste, so fällt uns vor allem das mürrische, verschlossene Wesen der Zöglinge auf. Überall nur scheue, hasserfüllte Blicke von unten herauf. Nirgends ein offenes, freies Ins-Gesicht-Schauen.

Das fröhliche, oft kraftüberschäumende Wesen der normalen Jugend fehlt vollständig. Was an Heiterkeit zu sehen ist, stimmt den Besucher traurig. Lebensfreudige Äußerungen sehen ganz anders aus. Man kann sich eines Schauers über den vielen Hass, der in diesen jungen Menschen aufgespeichert ist, kaum erwehren. Er kommt in diesen Anstalten nicht zur Lösung, verdichtet sich noch mehr, um später in der Gesellschaft entladen zu werden.

Der Verwalter einer solchen Anstalt machte mich gelegentlich eines Rundganges auf die seit zwanzig Jahren in Verwendung stehenden Blechwaschbecken aufmerksam und war sehr stolz auf die bei ihm herrschende Ordnung: trotz des langen Gebrauches waren die Waschschüsseln nicht deformiert und glänzten wie neu poliert. In den Schlafsälen standen links und rechts vom Mittelgang je fünfundzwanzig Betten, ausgerichtet wie eine Reihe Soldaten, keines einen Millimeter vor- oder zurückgerückt, ebenso standen die Nachtkästchen; die Bettdecken waren in scharf umgrenzte Rechtecke zusammengelegt und auf den Betten so liegend, dass ihre Schmalseiten wieder schnurgerade Linien bildeten; dieselbe peinliche Ordnung herrschte überall auch in den Tagräumen, auch auf Stiegen und Gängen. Wenn Sie zu all dem noch dazugeben, was ich über das Verhalten von Zöglingen in Besserungsanstalten im allgemeinen sagte, und das auch für diese Anstalt gilt, so wird Ihnen ohne nähere Erklärung deutlich, welche Gewalt da Tag für Tag aufgewendet werden musste, um einen Zustand aufrecht zu erhalten, der kindlichem Empfinden so zuwiderläuft, dem dissozialer Jungen umso mehr. Den Zwang des sozialen Lebens haben sie nicht ertragen und durch solchen Anstaltszwang sollen sie wieder sozial werden? Nun ein anderes Bild! Wenn Sie an einem besonders guten Tag in eine der von mir geleiteten Fürsorgeerziehungsanstalten zu Besuch gekommen wären, hätten Sie leicht etwa folgendes erleben können: Noch ehe Sie den Bereich der Anstalt betreten, treffen Sie auf einen Ortseinwohner, der ganz unverhohlen seinem Unmute darüber Ausdruck gibt, dass die Verwahrlosten statt eingesperrt gehalten und in Reihen von Aufsehern spazieren geführt zu werden, hier so frei herumgehen dürfen. Weil Sie näheres von der Anstalt wissen wollen, fragen Sie ihn, warum er denn gar so erbost sei? Weil durch die Art, wie hier die Verwahrlosten gehalten werden, allem Unfug Tür und Tor geöffnet ist. Sie hören ihm weiter zu und erfahren, dass er sich eben zum Leiter beschweren geht, weil Zöglinge statt anständig und gesittet nach Hause zu gehen, sich gebalgt und in seinem Wohnhause eine Fensterscheibe eingeschlagen haben. Sie können bei mir nicht gleich vorkommen, weil ich schon in Anspruch genommen bin. Vor Ihnen will noch ein Gendarm vorgelassen werden. Aus meinem Zimmer hören Sie eine sehr erregte Stimme: der Besitzer eines Obstgartens duldet nicht, dass Zöglinge seinen Bäumen einen Besuch abstatten. Ich lasse Sie nun gleichzeitig mit dem Gendarm eintreten, mache keinerlei Geheimnis vor Ihnen und Sie werden nun Zeuge der Schilderung eines Vorfalles vom Tage vorher. Zwei Jungendliche haben im benachbarten Walde am offenen, von ihnen selbst angefachten Feuer eine Forelle gebraten, die sie nur aus dem unweit vorüberfließenden Werkbach gefischt haben können. Kaum ist der Anzeiger weg, und wir sind eben im Begriff, den von Ihnen gewünschten Rundgang zu beginnen, stürzt die Anstaltsköchin in höchster Erregung bei der Tür herein und erklärt empört, dass sie die Buchteln richtig abgezählt habe; wenn jetzt in der einen Gruppe fünf Stück fehlen, so haben sie die Essenträger verschwinden lassen. Sie leisten momentan auf die Besichtigung der Anstalt Verzicht, es war zu viel, was da an ersten Eindrücken auf Sie eingestürmt ist.

Überlegen wir, ob ein derartiger Zustand in einer Erziehungsanstalt zulässig ist, oder ob diese, wenn es so zugeht, je eher desto besser zu sperren ist?

Wir wissen bereits von der Erziehungsberatung her, dass der Fürsorgeerzieher auf den Defekt des Verwahrlosten eingeht und ihm anfänglich keine Widerstände entgegenstellt, den Zeitpunkt abwartet, bis er mit Versagungen einsetzt. Es ist nicht einzusehen, warum das in der Anstalt anders sein sollte, damit, dass dort mehr und ärger Verwahrloste beisammen und die Schwierigkeiten größere sind, lässt sich ein geänderter Vorgang doch nicht begründen.

Typisch für jeden Verwahrlosten ist die geringe Fähigkeit, Triebregungen unterdrücken und von primitiven Zielen ablenken zu können, sowie die ziemliche Wirkungslosigkeit der für die Gesellschaft geltenden sittlichen Normen; dazu kommt für den weitaus größten Prozentsatz der Fürsorgeerziehungszöglinge ein offener Konflikt mit der Gesellschaft als Folge eines in der Kindheit unbefriedigt gebliebenen Zärtlichkeitsbedürfnisses. In Erscheinung tritt sehr gesteigerter Lusthunger, primitive Form der Triebbefriedigung, Hemmungslosigkeit und verdecktes, aber desto größeres Verlangen nach Zuneigung. Soll die Verwahrlosung behoben, sollen nicht nur deren Äußerungen unterdrückt werden, so bleibt nichts, als zuerst auf die Bedürfnisse der Dissozialen einzugehen, auch wenn es im Anfange ein wenig wüst zugeht und »verständige Menschen« darüber den Kopf schütteln. Wir wurden auch tatsächlich vielfach nicht verstanden; Ängstliche waren entsetzt, die nächsten Nachbarn nahmen uns manches sehr übel; jedesmal, wenn einer über die Stränge geschlagen hatte, war großes Geschrei. Wir ließen uns aber trotzdem nicht irre machen, für uns war es wie in einer psychoanalytischen Behandlung: Verwertung der täglichen Konflikte zur Erreichung des Erziehungszweckes. Wir gewährten den Verwahrlosten im lustbetonten Milieu unsere Zuneigung, bedienten uns also der Liebesprämie, um einen versäumten Entwicklungsprozess nachzuholen: den Übergang von der unwirklichen Lustwelt in die wirkliche Realität.

28. Die Einzigartigkeit

August Aichhorn: Verwahrloste Jugend (1929). Bern und Stuttgart, Huber, 1965 (5. Auflage), S. 131-132

Je weniger daher das Milieu Anstaltscharakter trägt und je mehr es sich dem einer freien Siedlung lebensbejahender Menschen nähert, desto weniger ist der Dissoziale dem wirklichen Leben entfremdet, desto sicherer seine Ausheilung und desto sicherer später sein Wiedereintritt in die Gesellschaft zu erwarten. In der Anstalt ist auch die Gefahr, dass die Individualität des Einzelnen nicht zur Entwicklung kommt, eine außerordentlich große; nur zu leicht bildet sich für die Erziehungshandlungen eine Schablone heraus und der Zögling wird nur zu oft infolge administrativer Notwendigkeiten, die leicht überwuchern, zur Nummer.

Erinnern wir und doch auch an unsere eigene Kindheit: Was bedeutete uns eine Schublade, ein Kastenfach, eine Schachtel, ein Plätzchen, das uns ganz allein gehörte, wo wir unsere Geheimnisse vor Eltern und Geschwistern verbergen konnten, wo wir Ordnung machten, wenn es uns passte, wo wir aber auch nach Herzenslust schlampig sein konnten! Und in der Anstalt? – Überall die der Einheitlichkeit wegen aufgezwungene Ordnung und Lebensweise! Nicht ein ausschließlich dem Einzelnen reserviertes Plätzchen! Anstaltsmauern schließen das Kind auch vom Leben ab und drängen es in ungesunde Phantasieerlebnisse, verhindern den rechtzeitigen Ausgleich zwischen Lust und Realität! Wie ganz anders, wenn der Verwahrloste in einer Siedlung wohnt, in der alle die kleinen und kleinsten Erlebnisse sich abspielen können, in der aber auch die sonst so sehr vermisste Bewegungsfreiheit gewährt werden kann. Das war in Oberhollabrunn durch das Wohnen jeder Gruppe in einer primitiven Baracke gegeben, und wenn uns auch im Winter wegen der schlecht schließenden Fenster der Schnee auf die Bettdecken flog, was machte das, wir waren mit einem Sprung im Freien und weder Gitter noch Mauer schieden uns von der übrigen Welt. In St. Andrä stellten sich manche äußere Hindernisse entgegen, aber doch hatte jede Gruppe ihre gesonderten Räume für sich und bildete im Anstaltsgefüge eine geschlossene Einheit. In Anstalten mit

Pavillonsystem lässt sich die günstige räumliche Umwelt ohne besondere Schwierigkeiten schaffen.

29. Die Aussprache

August Aichhorn: Verwahrloste Jugend (1925). Bern und Stuttgart, Huber, 1965 (5. Auflage), S. 141-142

Vielleicht erscheint Ihnen die Auffassung, mit der wir den Zöglingen in der Anstalt gegenüber gestanden sind, als ganz selbstverständlich. Ich möchte dazu aber bemerken, dass sie uns sehr oft vor die schwersten Anforderungen an uns selbst stellte; vergessen Sie nicht den weiten Weg von dem Erkennen der Richtigkeit eines Handelns bis zur eigenen Lebenseinstellung darauf.

Wenn ich von den beiden Anstalten Oberhollabrunn und St. Andrä spreche, werde ich immer wieder gefragt, welche besonderen Erziehungsmittel wir in Anwendung gebracht haben. Ich komme da jedesmal in die größte Verlegenheit, weil wir keine hatten. Bei Roheitsakten, Diebstählen und sonstigen größeren Vergehen, die nicht immer zu vermeiden waren, ließ ich den Missetäter zu mir kommen und auch den Geschädigten. Die Aussprache mit ihnen und mildes Verzeihen bis zur äußersten Grenze hatten wir immer als das wertvollste Erziehungsmittel kennen gelernt. Sie leistete uns deswegen so gute Dienste, weil wir das Vertrauen der Zöglinge besessen hatten.

Sie kamen mit Schwierigkeiten, die sie allein nicht überwinden konnten, mit Unklarheiten und Beschwerden, Hoffungen und Bestrebungen; mit tausend Fragen nach all dem Unbekannten, das sie quälte, und auch mit ihren manchmal schwer errungenen Erkenntnissen und Vorstellungen suchten sie uns auf. Viele ganz innere Zweifel tauchten auf; quälendes Missverstehen religiöser Wahrheiten, dumpfer Druck des Unbegreiflichen, Ablehnung jeder kirchlichen Handlung, Verspottung jeder, auch der eigenen Glaubensempfindung, ja oft Hass gegen alles, das Religion heißt, aber manchmal auch viel Tieferes, echtes und wahres religiöses Empfinden.

Sorgsam mussten wir da erklären, manchmal viel wegräumen und auflösen, aber immer vorsichtig, ohne unsere eigene Überzeugung aufzuzwingen.

Sie kamen zögernd, mit heißen Wangen und flackernden Blicken, um stockend von ihren ersten Schwärmereien, ihren feinsten Liebesregungen zu sprechen und ihre phantasierten Liebeserlebnisse zu erzählen, aber auch um das Schöne oder Unerträgliche wirklicher Liebe mitzuteilen; sie zeigten sich als Don Juan und Ritter Toggenburg; sie kamen in ihrer sexuellen Not, mit ihren Leiden und Lastern. Wir führten das Gespräch nur in ganz vereinzelten, notwendigen Fällen selbst auf ihre sexuellen Erlebnisse und Regungen. Vielleicht interessiert es Sie noch zu hören, dass in unseren Aborten die bekannten Zeichnungen und Inschriften vollständig fehlten.

Die Ergebnisse der Aussprachen ließen auch eine organisatorische Auswertung zu.

Hans Zulliger[211]

30. *Die Lehrer und die Psychoanalyse*

Hans Zulliger: Psychanalytische[212] Erfahrungen aus der Volksschulpraxis. Bern, Ernst Bircher, 1921, S. 1-4

Psychanalyse, die umstrittene Wissenschaft, bringt jedenfalls dem kundigen Erzieher so viele tiefe Einsichten und Vorteile, dass sich die schwere Arbeit lohnt, durch das Studium der einschlägigen Schriften, und indem er sich selber von einem bewährten Analytiker untersuchen lässt, in die Lehre einzudringen.

Es ist gar nicht gesagt, dass der kundige Pädagoge nun beständig an seinen Zöglingen herumanalysiere und Herrgöttchen aus ihnen machen könne. Er wird nur sehr selten oder vielleicht überhaupt nie selber analysieren. Aber er wird, wo er dank seines Wissens eine ernste seelische Störung wahrnimmt, die Eltern darauf aufmerksam machen und sie veranlassen können, die Hilfe eines kundigen Arztes in Anspruch zu nehmen.

Er wird zwar viele Erscheinungen in der Geisteswelt der Kinder anders beurteilen und sich darum auch anders dagegen verhalten, als wenn er von Psychanalyse nichts weiß. Das ist wohl für den Erzieher der höchste Gewinn – ein nicht hoch genug zu schätzender Gewinn – aus dem Studium der Psychoanalyse: das vertiefte Verständnis der Kinderseele.

Pfister bezeichnet die von Pädagogen angewandte Psychanalyse als »Pädanalyse«.

Jeder Volksschullehrer hat in seiner Klasse nervöse, anormale Kinder,

---

[211] Die folgenden Texte bis einschließlich S. 146 finden sich in: Hans Zulliger: *Horde, Bande, Gemeinschaft. Eine sozialpsychologisch-pädagogische Untersuchung.* © Klett-Cotta, Stuttgart 1967. Abdruck mit freundlicher Genehmigung des Verlags.

[212] Zulliger verwendet diese im Französischen übliche Schreibweise.

denen er oft ratlos gegenübersteht. Aber auch das »normale« Kind ist nicht etwa selten von unterbewussten Kräften gehemmt. Man denke an Fehler wie Zerstreutheit, Flatterhaftigkeit, träumerisches Wesen, Arbeitsunlust, Lügenhaftigkeit, Nasch- und Stehlsucht, Stottern, Furchtsamkeit, übertriebene Scheu und Verlegensein, Trotz, Eigensinn, Störrigkeit, Grausamkeit, Prahlsucht, Zerstörungssucht, Hass, üble Gewohnheiten usw. Feinsinnige Pädagogen haben längst eingesehen, dass allen diesen ihre Erziehungsarbeit erschwerenden Übeln mit Strenge, Strafen, oder gar mit dem Prügel nicht endgültig beizukommen ist. Der Schultyrann etwa, der kraft seiner physischen und geistigen Überlegenheit die Zöglinge einfach unterjocht, hat gewiss oft rasche und augenfällige Erfolge gegen oben aufgezählte Fehler. Doch weiß er auch meist genau, dass er mit dem Stocke die Quellen des Hasses und der anderen asozialen Kräfte nicht aufzudecken vermag, dass seine Art von »Heilung« nur eine oberflächliche ist, dass der »Teufel« im Kinde nicht ausgetrieben ist, sondern nur auf Gelegenheit wartet, um anderswo in einer anderen Verwandlung auszubrechen. In der Regel wird durch die Prügelstrafe das Böse unterirdisch nur genährt, geweckt, indem sich ein Kind dem stärkeren Erwachsenen wohl fügt, sich aber an Tieren, Gegenständen, an Kameraden rächt und an diesen den Hass auslässt, den es gegen den tyrannischen Erzieher nicht ausleben kann.

Ein Knabe zum Beispiel, der Isolatoren herunterwirft, Scheiben einschlägt und aus »reiner Teufelsucht« alles zerstört, was ihm unter die Hände läuft, rächt sich für die Unterdrückung eines zu strengen Vaters oder Lehrers. Sein Hass ist »übertragen«. Gegen ihn angewendete Prügel verstärken nur sein Rachebedürfnis, er wird ein Tierquäler, ein Menschenhasser, ein Pessimist, ein Bekämpfer von Staat und Religion. Oder dann ein Schleicher, ein unselbständiger und unsicherer Mensch. Auf keinen Fall aber wird er »senkrecht an Leib und Seele«.

Kommt er jedoch einem Pädanalytiker unter die Hände, so wird dieser den Gründen der Zerstörungssucht nachgraben, den aufgestauten Hass ableiten, und die durch den Hass gefesselte Energie wird frei, d. h. zu nützlichen Zwecken benutzbar.

Seelische Störungen im Kindesalter sind sehr oft die Anfänge zu bleibenden Fehlentwicklungen. »Charakterfehler« haben ihre Wurzeln in der

Kindheit. Ihnen kann durch Kenntnis ihrer Gründe und ihrer Entstehung vorgebeugt werden.

Das ist die Aufgabe der Pädanalyse!

31. Die »andere« Einstellung

Hans Zulliger: Psychanalytische Erfahrungen aus der Volksschulpraxis. Bern, Ernst Bircher, 1921, S. 4-9

Es wurde mir oft von Lehrern Verwunderung darüber ausgedrückt, dass die Kinder meiner Klassen sich mir gegenüber häufig so offen äußern, dass sie eine ganz »andere« Einstellung zeigen als bei ihnen. Natürlich verwundern sich nur Nichtanalytiker, die nicht wissen können, wie die analytische Einstellung des Lehrers auch auf die Kinder wirkt: wie sie Hemmungen fahren lassen, wenn sie wissen, dass sie der Erzieher nicht richten, sondern verstehen und ihnen helfen will. Es fällt allerdings auch in Betracht, dass ich die Kinder, über die meine individual-psychologischen Arbeiten berichten, 2-5 Jahre unter meinem Einfluss besaß.

Mit Absicht führe ich die Schüler darauf hin, ehrlich gegen sich selber zu sein, über sich nachzudenken. Ich erzähle ihnen gelegentlich etwas über die Psychologie des Hasses und der Versöhnung aus meinem eigenen Erfahrungskreis, ich gestehe ihnen, dass ich als Knabe wie die anderen auch geraucht habe, und wie ich davon abkam, ich erkläre ihnen, warum man Dinge »verlegt« und nachher nicht mehr findet, wenn sie einem schon »an die Nase springen«, ich mache mit ihnen kleine Übungen (z. B. Aufsätze, die den Sinn von Beichten haben).

An einem Morgen tritt ein Siebentklässler (12 Jahre), den ich wegen Klasseneinschiebung vor 14 Tagen an einen Kollegen abgab, plötzlich um halb neun Uhr in mein Zimmer, geht dorthin, wo er früher saß, nun beginnt die Klasse, die zuerst erstaunt war, zu lachen, der Knabe merkt seinen Irrtum, stammelt »Aha!« und flüchtet verlegen. Wie die Schüler ausgelacht haben, frage ich, warum denn Paul wieder in mein Zimmer getreten sei.

»Er hat es verwechselt – er hat sich geirrt – er denkt nichts –.«

»Was ihr mir da sagt, ist alles nicht der Grund!«

»Er wollte lieber wieder bei uns sein!« ruft ein Mädchen.

»Warum?«

»Weil man sich nicht gern mitten im Jahr an einen neuen Lehrer gewöhnt!«

»Aber warum ist denn Paul nicht schon früher hier herein geplatzt? Nun ihr habt doch gehört, dass er am letzten Freitag (heute ist Montag) Anstände hatte wegen einer Dieberei. (Er hatte Kastanien gestohlen.) Es dünkt mich, ihr solltet ihn verstehen: heute kommt er zu spät in die Schule...«

»Es ist ihm zuwider, schon wieder mit dem Lehrer etwas zu haben!« meint ein Neuntklässler.

»Warum kommt er denn hierher? Da versäumt er sich doch nur noch eine Zeitlang!«

Ich erhalte keine Antwort, obschon sie ja nach dem durch die Kinder Erkannten auf der Hand liegt. Darum erzähle ich ihnen:

»Vor Jahren, als ich mich hierher angemeldet hatte, da schrieb ich einen Brief an meine Eltern. Ich schrieb, dass ich große Hoffnung auf eine Wahl hege. Das war am 12. März, am 15. war Gemeindeversammlung, an der über meine Zukunft entschieden werden sollte. Und: nun machte ich unwissentlich am Kopfe meines Briefes das Datum 16. März..., wer sagt mir, was der Grund meines Verschreibens war?...ihr wisst ja, alles hat seinen Grund, auch wenn wir ihn oft nicht sofort erkennen...«

Zwanzig Hände. Man hat die Fehlhandlung begriffen. »Ihr habt gewünscht, wenn nur schon der 16. März wäre, damit Ihr sicher gewusst hättet, ob Ihr gewählt seid!«

»Ja! – Aber nun scheint mir wirklich, der Grund der Irrung Pauls sei nicht so schwer zu erraten...! Stellt euch die Sache vor! Denkt euch an seinen Platz! du (ich weise gerade auf einen Knaben), vorgestern hattest du mit mir Anstände wegen gestohlenen Kastanien, und heute kommst du zu spät in die Schule und hast eine zweite unangenehme Auseinandersetzung zu befürchten – und ich bin dein neuer Lehrer, und der vorherige Lehrer ist nebenan – nun?«

Jetzt wissen sie es. »Ich hätte den Wunsch, lieber wieder in der alten Klasse zu sein!«

»Gewiss! Und ich entdecke noch einen andern: er will wieder so sein, wie vorher, als er die Kastanien noch nicht gestohlen hatte. Mit seinem

Irrtum zeigt er seine Umkehr zum Menschen, der wieder ehrlich sein will! – Paul aber weiß nicht, warum er sich geirrt hat. – So handeln wir oft, ohne um den Grund unseres Handelns zu wissen. Wir müssen eben manchmal über uns nachdenken!« –

Solche kleine Besprechungen sind dazu angetan, die Schüler auf sich selber aufmerksam zu machen. Haben sie erst einmal die oberflächlichsten Hemmungen überwunden, so antworten sie meist (wenn der Fall nicht zu tief liegt, wenn keine schlimmen Erfahrungen gemacht worden sind), mit verblüffender Offenheit, wie es der Schulmeister nicht gewohnt ist von Leutchen, die ihn gewöhnlich als den natürlichen Feind betrachten. Das Vertrauen darf nie missbraucht werden, sonst sind dann die Hemmungen schwerer zu überwinden als bei einer Hysterischen.

Ein 15jähriges Mädchen, das nach den Herbstferien im November in meine Klasse eintrat, hatte eine merkwürdig nach rückwärts gelegte Schrift.

»Hast du immer so geschrieben?«

»Ja, in der letzten Zeit immer.«

»Seit wann ist das: in der letzten Zeit?«

»Seit dem 5. Schuljahr.«

Ich bin mit bewusst, dass die Schrift nicht die eines Menschen sein kann, dessen Seele noch im Gleichgewicht ist. Darum lasse ich das Mädchen in einer großen Pause zu mir rufen und sage:

»Da habe ich dein Aufsatzheft. Ich sehe, du schreibst immer wie mehr hintenübergelegt. Das sagt mir etwas. Ich weiß, dass in deinem Herzen etwas ist, das dich plagt, und etwas Schweres muss es sein...«

Krampfhaftes Aufweinen: »O ja, ich weiß wohl, es wäre besser, wenn ich nicht (geboren) worden wäre!«

Wie der Schrei eines gequälten Tieres tönt es.

»Willst du mir nicht anvertrauen, was dich so plagt, dass du lieber tot sein wolltest? – Schau, dann hast du um die Hälfte leichter, wenn du es jemand sagen kannst. (Es ist ein Verdingmädchen.) Und vielleicht steht es in meiner Macht, dir zu helfen.«

Es sieht mir gerade ins Gesicht. »Das ist halt so schwer. Und ich habe es in X. dem Herrn Pfarrer sagen wollen, zu dem ich in die Unterweisung ging, sobald er aber nur einen Teil wusste, ging er zum Armenvater, und dem sagte er alles. Dann gingen sie zusammen zu den Leuten, wo ich verdingt war, sagten dem Pflegevater, was ich berichtet hatte – und dann musste ich noch die Lügnerin sein...«

»So. So schlechte Erfahrungen hast du gemacht! Und nun denkst du, der Lehrer da vor dir könnte es gleich machen, wie der Herr Pfarrer in X., gelt? Das will ich aber nicht, ich will nur mit dir allein über alles das sprechen, was dich bedrückt. Du bist jetzt neu hier, kennst mich noch nicht und hast noch kein Zutrauen zu mir. Aber wenn es dich dann drängt, zu mir zu kommen, dann darfst du kommen, warte du nur, bis du kommen kannst!«

Es zeigte sich dann, dass der Pfarrer die beste Absicht gehabt hatte, als er auf seine Weise vorging. Er wollte den Sünder beim Schopf packen, geriet dann aber beim Leugnen des Pflegevaters selber über die Wahrhaftigkeit des Kindes ins Wanken und trieb es unwillentlich noch mehr in die Introversion (Insichzurückziehen, Herunterschlucken).

Oft kommen unter dem Einfluss einer analytischen Atmosphäre freiwillig Dinge zum Vorschein, die vielleicht »pietätlos« erscheinen. Der Lehrer muss dabei diskret sein und darf nie vergessen, dass die Menschen nur Menschen sind. »Welches Kind hätte nicht Grund, über seine Eltern zu weinen!« ruft Nietzsche aus, und es sei jedem selber überlassen, über die Berechtigung dieses Ausrufes zu urteilen. Er gibt nach meiner Ansicht nichts pietätwürdigeres als das Kind: in ihm ruht die Zukunft, keiner weiß, was in ihm schläft... und es ist sicher ein Mangel, dass kein Moses das Wort prägte: »Du sollst die Jugend nicht darum verachten, weil du das Alter ehren sollst!«

32. »Der Lehrer hat kein Gefühl für das Kind.«

Hans Zulliger: Psychanalytische Erfahrungen aus der Volksschulpraxis. Bern, Ernst Bircher, 1921, S. 58–61

Ich teilte jedem Schüler ein Blatt Papier aus, hieß das Rechnungsheft als Unterlage nehmen und kündigte eine Geschichtsprobe an:
»Frischhans Teiling«.

Wir hatten in der Woche vorher von dem Siege bei Giornico gesprochen – in einer Geschichtsstunde alten Stils, recht patriotisch und kriegerisch begeistert. Nun wollte ich sehn, was geblieben war.

Hanna Graber gab den Zettel leer ab. Nur die Überschrift setzte es hin. Doch unten am Blatt schrieb es: »Ich habe die Geschichte vergessen. Ich denke immer an das Kochen und nicht an Frischhans Teiling.« Und in einer Ecke stand mit Rotstift: »Note 4.«

Welch eine Unverschämtheit, dachte ich, das bin ich doch sonst von dem Mädchen nicht gewohnt. Dem musst du mal tüchtig die Leviten lesen. Und dann noch wie zum Hohn: Note 4!

Ich ärgerte mich, ich war erschrocken, weil ich Hanna doch niemals für so frech eingeschätzt hatte. Wie ich nun über die Art und Weise nachdachte, wie man »hinter das Mädchen müsse«, um ihm seinen Teufel auszutreiben, schien mir auf einmal merkwürdig, dass Hanna nicht Note 5 geschrieben hatte. Eine 5 ist die Note, die für »sehr schwache« Leistungen gegeben wird. Und im Nachsinnen fiel mir plötzlich der Titel eines Buches in den Sinn: »Der Lehrer hat kein Gefühl für das Kind!« – Der Einfall störte mich, so wie einen etwa eine Gassenhauermelodie stört, die einem beständig obsediert. Ich suchte mich vor mir selber zu verteidigen: du hast doch Gefühl für die Kinder, da kann sich niemand beklagen. Ich nahm mir vor, das Buch mit dem sonderbaren Titel zu kaufen (gleichsam, um mich zu überzeugen, dass ich Gefühl für das Kind habe); aber die Obsession wich nicht. Nun ärgerte mich diese noch mehr als die Unverschämtheit der Hanna.

»Was hast du mir da für eine Frechheit geschrieben!«, fragte ich Hanna, die ich nach Schulschluss drinnen behielt. Das Mädchen senkte den Kopf. Es blickte mich dazu nicht gerade gescheit an; ich merkte, dass ich es erschreckt hatte mit meinem in scharfem Tone ausgesprochenen Vorwurf.

»So ist es«, sagte es dann einfach. »Ich musste immer an das Mittagessenkochen denken. Und von Frischhans Teiling wusste ich sicher gar rein nichts mehr!«

Der Fassung und dem Tone der Antwort des Mädchens merke ich an, dass mehr seine Naivetät, als Ungezogenheit es zu der Niederschrift brachte, die mich so aufregte. Darum ändere ich den Ton. »Musst du oft kochen?«

»Ja, in letzter Zeit immer. Die Mutter wascht in der Stadt und kommt immer erst abends heim. – Und dann sind sie manchmal nicht einmal mit mir zufrieden.«

Nun ist mir klar, dass es immer an das Kochen denkt. Sein Vater ist oft böse mit ihm. (Aufsatz vom zerbrochenen Teller.) »Ich verstehe, dass du die Geschichte vergessen hast. Aber das, was du mir auf den Zettel schriebst, klingt gerade so, als wolltest du dich über mich lustig machen, das hat mich gekränkt.«

»Ich habe Euch nicht kränken wollen. Aber ich habe einfach keinen rechten Sinn für Geschichte. Es bleibt mir nichts. Ich wollte ja selber, es wäre anders. Und dann...« Es stockt. Ich warte eine Weile. Es blickt mich zweifelnd an.

»Was, ›und dann‹?«

»Ich weiß nicht, ob ich's sagen darf. Ihr nehmt es mir wieder übel...«

»Rede nur heraus, was es auch sei!«

»Ja nun: ich habe das Gefühl, ich komme ohne die Geschichte durch die Welt, wenn ich im Frühjahr aus der Schule komme. Aber kochen muss ich können. Diese Kriege, das ist nicht für uns Mädchen, auch die andern (Kameradinnen) haben nicht gerne Geschichte. Man vergisst sie ja immer wieder, auch die Gescheitesten« (vergessen sie).

Nun bin ich fast um die Antwort verlegen. Sage mir einer: hat das Mädchen etwa nicht recht! Wie ein Schüler stehe ich vor ihm – und studiere mir rasch eine Sophisterei zuwege, um die »Wissenschaft«, um den Lehrplan zu retten, denn er befiehlt: das und das ist zu »behandeln«.

Ob es nicht auch glaube, dass ihm ein gutes Gedächtnis einmal zustatten komme, frage ich Hanna. – Doch! – Gut, das Gedächtnis müsse man eben ausbilden, dazu eigne sich neben anderem auch die Geschichte... Ich weiß nicht, ob es mich ernst nahm... Es war fadenscheinige Weisheit. Mit einem Sprung rettete ich mich aus der heiklen Situation: »Sag mal: du hast gar nichts von Teiling geschrieben, warum machst du dir denn als Note nur eine 4 und nicht eine 5?«

»Wenn ich doch weiß, wie man Suppe, Blumenkohl, Rindsbraten, Reisbrei, Makkaroni kocht und wie man sterilisiert und Konfitüren macht – da dachte ich, ›sehr schwach‹ sei ich doch nicht!«

Ich musste herzlich lachen, gab ihm die Hand und ließ es ziehen. Es hatte mich geschlagen, ich wusste keine Ausrede. Doch befriedigte mich das angenehme Gefühl, »Gefühl für das Kind« zu haben.

33. »*Nervöse Schrift*«

Hans Zulliger: Psychanalytische Erfahrungen aus der Volksschulpraxis. Bern, Ernst Bircher, 1921, S. 100-104

Schon als Hans Egger seinen ersten Aufsatz abgab, fiel mir seine nervöse, merkwürdige Schrift auf. Die einzelnen Züge schlottrig, unstät, ohne bestimmten Druck und einheitliche Richtung. Und das seltsamste: die Buchstaben sanken haltlos unter die Linie, stiegen dann darüber hinaus, um sofort wieder niederzugehen.

»Kannst du nicht besser schreiben?«

»Doch!« Der Knabe biss sich ängstlich auf die Lippen.

Ich reichte ihm ein Blatt Papier. Darauf sollte er mir drei Zeilen »ganz schön« niederschreiben. Ich sah, ohne dass er sich von mir beobachtet fühlte, wie er sorgfältig den Federhalter betrachtete, als er Tinte genommen hatte, wie er sich Mühe gab, als er Zug für Zug kritzelte, wie er jedes geschriebene Wort nochmals kritisch betrachtete, bevor er ein weiteres schrieb.

Zaghaft brachte er das Blatt. Der Versuch war misslungen. Er scheiterte auch, als Hans in »Gässchen« schrieb. Alle Hefte zeigten dieselbe Schrift, die auf den ersten Blick sehr flüchtig schien. Sie ist eine Illustration der Angst, wie sie kein Expressionist deutlicher und mit einfacheren Mitteln darzustellen vermöchte.

*

»Was hast du letzte Nacht geträumt?«

»Otto Schenker (ein Kamerad) machte ein Feuer. Da verbrannte unser Haus. Und das ganze Dorf. Nur ich blieb übrig und weinte.«

»Was kommt dir zu Feuer in den Sinn?«

»Feuerwehr.«

»Weiter!«

»Ein Feuerwehrmann, der spritzt.«
»Was für ein Feuermann etwa?«
»Der Vater.«
»Weiter!«
»Nichts!«
»Was kommt dir zu Feuer sonst noch in den Sinn?«
»Otto Schenker macht immer Feuer. Dann habe ich immer Angst, es könnte etwas angehen. – Ich darf nie Feuer machen; der Vater hat es streng verboten!«
»Es könnte etwas angehen – was?«
»Etwa unser Haus!«
»Und dann – – warum weinst du?«
»Am 16. November ist unser Friedali gestorben. – Es hatte Lungenentzündung, schauderhafte Fieber.«
(Assoziation: unser Haus brennt – wir verbrennen – heiß, rot – Frieda.)
»Du hast noch ein Schwesterchen?«
»Das Rosa. Aber es ist nicht so ein liebes. Es schlägt mich oft.«
(Rosa ist älter.)
»War Friedali älter als du?«
»Ein Jahr jünger. Und wir hatten es alle so gern.«
»Weiter, was geht dir gerade durch den Sinn?«
»Wie wir alle weinten – (am Sarge), die Mutter und der Vater auch!« (Warum die Hervorhebung Mutter und Vater?)
»Und du?«
»Ich weinte auch, ich wäre lieber gestorben gewesen!«
»Warum?«
»Es ist jetzt ein Engelein!« (Er meint: »Ich wäre...«)
»Und –?«
»Es fliegt im Himmel herum. Und kann machen und haben, was es will.«
»Und du darfst das nicht?«
»Nein!«
»Zum Beispiel – was darfst du nicht machen?«
»Feuer.«

»Und wolltest gerne!«
»Es gefällt mir, wenn es so hinauf ›lället‹ (züngelt) – und andere Knaben dürfen feuern!«
»Wenn aber euer Haus anginge?«
(Weint.) »Daran habe ich gedacht.«
»Wann?«
»Als mir der Vater Schläge gab.«
»Was hast du gedacht?«
»Wenn es nur angegangen wäre.«
»Warum erhieltest du Schläge?«
»Ich hatte ein Loch ins Blusli gebrannt.«

*

Ich zeichne einen Strich an die Wandtafel.
»Was kommt dir dabei in den Sinn?«
»Der Boden.« (Ich begriff zuerst den Einfall nicht.)
»Wieso?«
»Unten dran ist die Erde, oben der Himmel.« (Jetzt ist alles klar!)
»Sage mir etwas von der Erde!«
»Hier ist Friedali begraben!« (Weint.)
»Und hier?« (Ich deute über den Strich.)
»Dort ist es ein Engel.«
»Schreibe mir einen Buchstaben auf meine Linie!«
»Was für einen?«
»Irgendeinen, wie du willst!«
Er schreibt ein großes F.
»Was kommt dir zum F. in den Sinn?«
(Lächelt.) »Der Vater.«
»Wieso?«
»Er heißt Friedrich.«
»Weißt du nun, warum du unter und über und nur nicht auf die Zeile schreibst?«
»Nein!«
»Ich weiß es jetzt und will es dir sagen: du tust es, weil du wie Friedali unter der Erde und im Himmel oben sein möchtest, damit du frei bist und

haben und machen kannst, was du gerne möchtest. Du willst nicht sein, wo der Vater ist, auf der Erde, weil du ihm gehorchen musst.« (Er lächelt.)
»Aber im Himmel ist auch ein Vater, oder nicht?«
»Der Himmelvater.«
»Und die Englein gehorchen ihm. Wir alle müssen gehorchen. Keiner kann alles haben, keiner kann alles das tun, was er gerne möchte. – Denke darüber nach!«
(Zweck der Moral: Abschwächung des Ideals Himmel gleich Freisein nach dem Tode, Abschwächung der Bedeutung der brutal väterlichen Gewalt, unter welcher der Knabe schwer leidet, indem ich den Gehorsam gegen den Vater anerkenne.)

*

Nun schreibt der Knabe normal. Das Krankhafte an der Schrift habe ich ändern können. Dass ich die profossenhafte Erziehung in seinem Elternhause auch ändern könnte!

34. *Die Liebe zum Chef*

Hans Zulliger: Horde, Bande, Gemeinschaft. Stuttgart, Klett, 1967, S. 102-105

Herr Küster war jung, männlich, ruhig und hübsch, und es fehlte ihm auch nicht an echtem Humor. Er hatte weite Reisen gemacht und konnte darüber interessant erzählen. Auch wusste er seinen Unterricht sehr kurzweilig zu gestalten, und ihm ging der Ruf voraus, er »verstehe« die Jugend. Mit flatternden Fahnen ging die Klasse zu ihm über. Ihm war die Gabe der *Faszination* gegeben. Ohne dass er sich besonders anstrengte, folgen ihm die Schülerherzen zu.

Er konnte begeistern und mitreißen, und er verstand es, zu »führen«. Da wurde aus der Bande allmählich eine *Gemeinschaft*.

[...] für die Schule wurde fleißig gelernt, denn man wollte dem geliebten Klassenlehrer gefallen. Man gab sich nicht allein nur in den Fächern Mühe, die er erteilte, sondern auch in den übrigen; denn man liebte es nicht, wenn

Herr Küster mit ernster oder betrübter Miene ins Zimmer trat und erklärte: »Der Herr Rektor hat mir soeben darüber geklagt, dass ihr die Aufgaben beim Religionsunterricht höchst nachlässig macht. Findet ihr dies richtig? Und glaubt ihr, es freue mich, solche Klagen zu Ohren zu bekommen? Ihr seid doch tüchtige Leute, ich weiß es. Denkt ein wenig an die Klassenehre!«

Solche Zusprüche genügten, dass sich alle eifrig bemühten, beim Rektor wieder in ein besseres Licht zu kommen.

Einmal hatte der Deutschlehrer der Klasse ungerechterweise einen Nachmittagsarrest diktiert. Man wütete. Einer schlug vor, den Dackel des Lehrers abzufangen und ihm ein Grammatikbuch an den Schwanz zu binden. »Dies tun wir nicht!« wurde beschlossen, nachdem der Streich bis in die Einzelheiten ausphantasiert worden war. »Wir tun es unserem Klassenlehrer zuliebe nicht. Er soll nicht hören müssen, wir seien eine Sauband und Tierquäler, wir sind es nicht!«

Ganz ähnlich ging es auch bezüglich der Klasse in ihrem Verhältnis zu anderen Lehrern: die Neckereien hörten auf.

Bald sagten die Lehrer von der Klasse a, achtes Schuljahr, sie sei eine »flotte Gesellschaft«, was sie nicht immer gewesen, und es herrsche darin ein *guter Klassengeist*.

»Herr Küster hat sie fest in den Händen!« wurde festgestellt.

War es, wie einige der Lehrer behaupteten, nur die größere Reife der nun bald 15jährigen, die die Wandlung zustandegebracht hatte? Kaum. Denn die Knaben waren keine psychisch Accelerierten und staken, wie ihre Indianerspiele bewiesen, noch ganz auf dem Niveau des Vorpubertätsalters. Aber Herrn Küster »zu Liebe« kultivierten sie sich in ihren Charakteräußerungen, sie machten sich seine Forderungen zu eigen.

Auf ihren Führer und auf sich selber waren sie stolz, und der Stolz legte ihnen gewisse Verpflichtungen auf. Aussprüche wie: »Dies tut ein a-Klässler nicht!« – »Das ginge gegen unsere Ehre!« usw. hörte man unter den nun bald Halbwüchsigen oft.

Die vom entwicklungspsychologischen Gesichtspunkt aus günstige Haltung der Klasse hielt sich bis zum obligatorischen Schulaustritt nach dem 9. Schuljahr. Dann begab sich die Elite zum Examen ins Lehrerseminar. »Wenn wir durchfallen sollten«, sagten die Bewerber, »dann gehen wir ins Gymnasium!« Damals war das noch so...

Am Beispiel der erwähnten Klasse des Progymnasiums konnten wir eine interessante Entwicklung verfolgen. Sie war zuallererst eine »Horde«, aus der rasch eine »Bande« und viel später eine »Gemeinschaft« wurde in dem Sinne, wie wir die Begriffe früher definierten.

Die Horde war eine führerlose Schar, die Bande wurde von wechselnden Führern regiert. Auch die Gemeinschaft wurde durch einen Führer gelenkt, der kultivierend wirkte und der vorherigen Bande neue Ideale einpflanzte. Es war der Lehrer Küster, das verkörperte Ich-Ideal der Gemeinschaftsglieder.

Wie er, so begehrten alle zu sein. Und sie glaubten daran, es werden zu können, da ihnen ihr Führer menschlich so nahe stand. Er war ihnen außerdem altershalber nicht allzufern. Auch mimte er nicht, wie es die älteren Lehrer taten, hochmütig den Allwissenden und Vollkommenen: er gab sich »menschlich« und nicht als unerreichbarer »Gott«. Zugleich jedoch hatte er eine gewisse Distanz zu den Schülern; er war der Fortgerücktere, der Fertigere – aber eben doch noch der Erreichbare. Es brauchte nur Zeit und Anstrengung, um sein Niveau auch zu erreichen. Man musste eine Seminarzeit durchmachen und konnte nachher Sekundar- oder Gymnasiallehrer studieren – wie er. Oder man konnte das Gymnasium besuchen und nachher in die höhere Lehramtsschule, um Sekundarlehrer oder Gymnasiallehrer zu werden, wie er einer war.

35. *Die Macht der Faszination*

Hans Zulliger: Horde, Bande, Gemeinschaft. Stuttgart, Klett, 1967, S. 195-198

Es gibt, wie ich schon früher andeutete, Menschen, die eine *naturgegebene Fähigkeit zur Autorität* haben. Ihnen ist die Kraft der Faszination gegeben. Das Problem der Faszination, einer Art Suggestion, ist noch ziemlich ungeklärt.

Ich sah Lehrer, die faszinierten, weil sie besonders hübsch waren – weil sie wegen sportlichen Auszeichnungen den Schülern imponierten – weil sie Kinderbücher verfasst oder sich irgendwie anders großes Ansehen erworben hatten – weil sie besonders »menschlich« waren in der Art, wie sie die Jugend anpackten – weil ihnen der Ruf eines »Jugendfreundes« voranging – weil die Schülereltern von ihnen sehr eingenommen waren – weil sie an Massenversammlungen als Redner aufgetreten waren usw.

Faszinierende können ihre Autorität in gutem oder in schlimmem Sinne ausnutzen, können die, die sie regieren oder die sie kraft ihrer Gabe bestechen, im Sinne der ewigen Ideale weiterführen, oder sie können sie verführen. In beiden Fällen vermögen sie die anderen hinzureißen. Ihnen eignet die ausgesprochene Fähigkeit, andere Menschen zu beeinflussen. Oft tun sie es mit bewusster Absicht und verwenden hierzu spezielle Mittel, etwa das der Massenversammlungen. Unter deren Einwirkung wird das Individuum zum »Massenmenschen«, zum »Herdenmenschen« und verliert die Steuerung der eigenen Kritik. Massen werden stimuliert wie Hörige und folgen ihrer Autorität, gleichviel ob diese sie auf Höhen oder ins Verderben führen. Schon Le Bon hat festgestellt, dass der Mensch in der Masse seine intellektuelle Steuerung, seine »bewusste Persönlichkeit« teilweise fahren lässt, der »Massenseele« folgt, von ihr »angesteckt« wird, und Schiller hat das Distichon geprägt:

> »Jeder, sieht man ihn einzeln, ist lediglich klug
> und verständig;
> sind sie in corpore, gleich wird euch ein Dummkopf
> daraus!«

Und Freud hat formuliert und korrigiert: »Während die intellektuelle Leistung der Masse immer tiefer unter der des Einzelnen steht, kann ihr ethisches Verhalten dies Niveau ebenso hoch überragen wie tief darunter herabgehen«.

Wo sich um eine lebendige Autorität »Massen«, Vergesellschaftungen bilden, besteht regelmäßig die Gefahr einer gewissen Verdummung: der geführte Mensch gibt jedenfalls ein Stück seiner individuellen Persönlichkeit zugunsten der »Massenpersönlichkeit« auf. Es ist dies durch den Tatbestand erklärlich, dass sich die vom Massengeist erfassten Einzelindividuen gegenseitig seelisch gleichsetzen, sich untereinander identifizieren und nivellieren.

In stärkerem oder schwächerem Grade tritt eine Art »Verhältnisblödsinn« ein.

Es braucht dies nicht unbedingt ein Unglück zu sein oder negativ bewertet sein zu müssen, sobald er nicht in maximalem, vielmehr in optimalem Maße auftritt. Ohne einen gewissen Grad solcher Nivellierung ist das gemeinschaftliche Leben unmöglich. Eine Familie könnte nicht bestehen, wenn sie aus lauter »Individualisten« zusammengesetzt wäre, ebensowenig eine Schulklasse als »Gemeinschaft« und kein Staat. Die Reibung zwischen den Einzelnen würde allzugroß und müsste zu Existenzkämpfen zwischen ihnen führen, die Einsiedler würden zu Barbaren, einer würde den anderen aufzufressen suchen. Kontaktlosigkeit und Gemeinschaftsunfähigkeit müssten regieren, Eigenbrödelei und übertriebener Individualismus.

In Anbetracht des gegenseitigen Auskommens und des Sichvertragenkönnens ist demnach das, was oben als »Verblödung« bezeichnet worden ist, wünschbar. Es kommt, wie gesagt, dabei darauf an, dass sie optimal sei, gerade so groß, dass sie das gemeinschaftliche Beieinandersein noch erlaubt, aber doch nicht alles Eigenständige abwürge. Erlöscht das Eigenständige, so werden die Gemeinschaftsglieder völlig kritiklos und zu »Kadavergehorsamen«. Zudem zählt der Einzelne nicht mehr, es ist gleichgültig, wenn einer ausfällt. Nur mehr das Kollektiv hat Geltung.

36. *Ein gemeinsamer Ausflug*

Hans Zulliger: Horde, Bande, Gemeinschaft. Stuttgart, Klett, 1967, S. 147-150

Im Militärdienst traf ich einen früheren Schulkameraden wieder, der einer Tonwarenfabrik vorstand. Teilweise waren bei ihm auch noch Handtöpfer beschäftigt, die ihre Ware nach althergebrachter Art auf der Drehscheibe verfertigten. Er lud mich ein, seinen Betrieb einmal mit meinen Schülern zu besuchen.

Als ich zurückgekehrt war, es war Ende Mai, nachdem ich der Klasse also bereits mehr als ein Jahr vorstand, sprach ich mit den Schülern darüber und fand zum erstenmal ein einheitliches Interesse. Wir wollten mit Rädern nach dem etwa 25 km entfernten Steffisburg fahren, wo sich die Fabrik befand, an der Zulgmündung abkochen, die Besichtigung anschließen. Unser Geld reichte nicht aus, um die Bahn zu benutzen.

Es stellte sich heraus, dass drei Schülerinnen nicht radfahren konnten, außerdem fehlten sechs Velos. Man sah die Notwendigkeit ein, die drei Schülerinnen erst radfahren zu lehren. Wir vereinbarten, wer die Aufgabe durchführen sollte, und bestimmten die Straßen, wo dies geschehen konnte.

Vier Fahrräder konnten für die Fahrt nach dem ca. anderthalb Stunden entfernten Dorfe geliehen werden, zwei gab uns ein Händler gegen Entschädigung.

Nun wurde die Fahrtroute bestimmt. Ich drängte unter dem Vorwand, die zu durchfahrenden Gegenden seien schöner und wir wollten die Gelegenheit benutzen, um eine kleine »Rundreise« zu machen, darauf, dass für die Hinfahrt Wege gewählt wurden, die noch nicht so stark mit Motorfahrzeugen befahren waren. Denn insgeheim hatte ich mir einen Plan gemacht, wie ich die Fahrt und den Fabrikbesuch erzieherisch auswerten konnte. Es wurden der Kesselträger, zwei Beilträger, die Träger der Suppenkonserven und Würste bestimmt, und eines Tages fuhren wir los. Es ging, wie ich erwartet hatte: die besseren Fahrer stoben voran, und zuletzt waren nur noch die erwähnte Wehleidige und das verwöhnte Büblein bei mir, von den übrigen Sechsundzwanzig war nichts mehr zu erblicken.

Unterwegs trafen wir eine Schülerin und drei Schüler an, die an einem Rade flickten. Die Schülerin hatte einen Nagel eingefahren. Wir stiegen ab, halfen flicken, und mit sechs Schülern erreichte ich den auf den Karten genau bezeichneten Platz an der Zulgmündung.

Von den übrigen Schülern und Schülerinnen waren nur ein halbes Dutzend da. Sie schimpften auf die anderen wie die Rohrspatzen, wussten ebensowenig wie ich, wo sie hingefahren waren. Die Axtmänner fehlten, der Kesselmann ebenso. An der Wegabzweigung stellte ich zwei Leute als Wachen auf, um den »Verirrten«, wenn sie aufkreuzen sollten, den Weg zu weisen. Nach und nach kamen sie. Ein Grüppchen war in den Thunersee baden gegangen, ein anderes hatte das Städtchen besucht, ein drittes hatte das Schloss besichtigt, zwei hatten eine Tante in Spiez aufgesucht usw. Nun waren alle hungrig und böse. Rasch wurde abgekocht, Suppe, Brot und Wurst verzehrt – und als die Mägen satt waren, fingen die Kinder an, vernünftig miteinander über den Rückweg zu verhandeln. Man wollte in geschlossener Kolonne fahren, die besten, sichersten Fahrer an der Spitze, ich selber am Schluss. Ich reichte den Spitzenfahrern eine Trillerpfeife, damit sie warnen konnten, wenn sich eine Gefahr zeigen sollte. Ich selber behielt eine gleiche Pfeife für mich, um ebenso zu tun, wenn Gefahr oder sonst etwas von hinten drohte. Die Signale wurden vereinbart, die Zwischenräume der Fahrer – und nachdem wir uns die Fabrik angesehen hatten, fuhren wir auf der Hauptstraße in peinlich eingehaltener Ordnung heimwärts.

Auf der Straße trafen wir einen Bäckermeister aus unserer Gemeinde an, er fuhr in einem Wagen, hielt an – und rühmte die Klasse für ihre Fahrdisziplin. Ich lachte mir insgeheim ins Fäustchen und dachte: Wenn der wüsste – wenn der die Herfahrt hätte mitansehen können.

Es ereignete sich kein Zwischenfall. Aber im Dorf gab es ein Gerede: ich sei nicht einmal imstande, eine Radfahrt zu organisieren, dies hätten meine Schüler selbst tun müssen, kritisierte man.

Ich konnte nicht Hinz und Kunz erklären, weshalb ich die Fahrt nach Steffisburg willentlich nicht »organisiert« hatte – dass ich die »Sauordnung« gewünscht und *warum* ich sie gewünscht hatte. Die Kinder hatten *erlebt*, dass Organisation nützlich und notwendig sei – dass ein jeder vom anderen abhängig sei – und zum allererstenmal zeigten sich an ihnen einheitliche gemeinschaftliche Regungen. Dass dies geschehe, hatte ich gewünscht.

Nun verfertigten wir ein mit Illustrationen geziertes Aufsatzbuch über unsere Reise. Wir verteilten die Themata, über die geschrieben werden sollte, wir bezeichneten die Schreiber, die Korrektoren und Zeichner, die Hersteller des Kleisterpapieres für den Umschlag und Einband.

Und aus der Klasse war jetzt, fast mit einem Schlag, doch noch eine Gemeinschaft geworden: man arbeitete Hand in Hand, jeder leistete sein Bestes zum gemeinschaftlichen Gelingen. Jeder durfte dann, so beschlossen die Kinder, nach dem Los das fertige Buch drei Tage lang nach Hause nehmen, um es zu lesen, zu betrachten, und um damit vor den Angehörigen zu paradieren.

Bei der Arbeit hatte man mich als Berater nötig. Man empfand mich nicht als Forderer, als Befehlshaber, vielmehr als erfahreneren und gewünschten älteren Freund. Auch die Umschlagillustration musste ich beisteuern.

Noch eine kleine, beachtenswerte Bemerkung: unser »Schmierfink« brachte das wunderbarste Kleisterpapier für den Einband zustande. Als ich ihn deswegen lobte, sagte er mit blitzenden Augen: »Also kann ich auch etwas!« – und dieses Bewusstsein, die Erhöhung seines Selbstwertgefühles, gab ihm Auftrieb. Er arbeitete viel sorgfältiger als zuvor. Von da an hörte er auch damit auf, fragwürdige Witze zu erzählen, je mehr er sich auf bessere Art Anerkennung erwerben konnte, die ihm vom Lehrer absichtlich gezollt wurde, sobald der Schüler eine entsprechende Leistung zustande brachte.

Ich hatte die Klasse geeint und fest in die Hand bekommen, und aus den früheren »Individualisten« war eine Gemeinschaft geworden, mit der sich schulisch leicht arbeiten ließ: trotz dem »Zeitversäumnis« wegen des Ausfluges und des Herstellens des Aufsatzbuches erreichten wir vorzeitig die Pensumziele und hatten Frist übrig, auf den Schuljahrschluss ein großes Theaterstück einzuüben. Während des Restes der Schulzeit hielt die Klasse wie Kitt zusammen, und an späteren Klassenzusammenkünften wurde immer wieder das »Steffisburger Abenteuer« erörtert.

Bibliografie

Bibliografie der in der deutschen Übersetzung zitierten Literatur

Aichhorn, August (1925): *Verwahrloste Jugend. Die Psychoanalyse in der Fürsorgeerziehung*. Bern, Huber, 1951.

Assoun, Paul-Laurent (1993): *Freud et les sciences sociales*, Paris, Armand Colin.

Bion, Wilfred R. (1961): *Erfahrungen in Gruppen und andere Schriften*. Aus dem Englischen von H. O. Rieble. Fischer, 1990. (Englische Originalausgabe: *Experiences in Groups and Other Papers*. Tavistock, London. Deutsche Erstausgabe: Stuttgart, Klett, 1971.)

Cifali, Mireille (1982): *Freud pédagogue? Psychanalyse et éducation*. Paris, InterEdition.

Cifali, Mireille (1996): *August Aichhorn, au risque du social*. In: *Les Cahiers du collège international de l'adolescence*, 1996, 1.

Cifali, Mireille/Moll, Jeanne (1985): *Pédagogie et psychanalyse*. Paris, Dunod.

Dor, Joël (1989): *Le père et sa fonction en psychanalyse*. Paris, Point Hors Ligne.

Freud, Anna (1927): *Einführung in die Technik der Kinderanalyse*. Frankfurt a. M., Fischer, 1983.

Freud, Sigmund: *Gesammelte Werke* (abgekürzt GW). Frankfurt a. M., Fischer, 1960 ff.

Freud, Sigmund (1913), *Geleitwort*. In: Pfister, Oskar: *Die psychanalytische Methode*. Leipzig und Berlin, Klinkhardt.

Freud, Sigmund (1962): *Aus den Anfängen der Psychoanalyse, 1887-1902, Briefe an Wilhelm Fliess*. Frankfurt a. M., Fischer.

Freud, Sigmund/Pfister, Oskar (1963): *Briefe 1909-1039*. Herausgegeben von Ernst L. Freud und Heinrich Meng, Frankfurt a. M., Fischer.

Freud, Sigmund (1969): *Darstellungen der Psychoanalyse.* Frankfurt a. M., Fischer.

Freud, Sigmund (1925): *Selbstdarstellung. Schriften zur Geschichte der Psychoanalyse.* Frankfurt a. M., Fischer, 1973 (korrigierte Auflage; Original von 1971).

Freud, Sigmund/Jung, Carl Gustav (1974): *Briefwechsel.* Frankfurt a. M., Fischer.

Imbert, Francis (1992): *Vers une clinique du pédagogique, Un itinéraire en sciences de l'éducation.* Vigneux, Matrice.

Imbert, Francis et le GRPI (1996): *L'inconscient dans la classe.* Paris, ESF.

Lacan, Jacques (1966): *Subversion des Subjekts und Dialektik des Begehrens im Freudschen Unbewussten.* In: *Schriften II,* ausgewählt und herausgegeben von Norbert Haas. Olten, Walter, 1975, S. 165-204 (französische Originalausgabe 1966; 2. Auflage bei Quadriga).

Lacan, Jacques (1975): *Das Seminar, Buch I (1953-1954), Freuds technische Schriften.* Übersetzt von Werner Hamacher. Weinheim/Berlin, Quadriga, 1990 (französische Originalausgabe 1975; Erstausgabe der deutschen Übersetzung: Olten, Walter, 1978).

Lacan, Jacques (1978): *Das Seminar, Buch II (1954-1955), Das Ich in der Theorie Freuds und in der Technik der Psychoanalyse.* Übersetzt von Hans-Joachim Metzger. Weinheim/Berlin, Quadriga, 1991 (französische Originalausgabe 1978; Erstausgabe der deutschen Übersetzung: Olten, Walter, 1980).

Lacan, Jacques (1973): *Das Seminar, Buch XI (1964), Die vier Grundbegriffe der Psychoanalyse.* Übersetzt von Norbert Haas. Weinheim/Berlin, Quadriga, 1996 (französische Originalausgabe 1973; Erstausgabe der deutschen Übersetzung: Olten, Walter, 1978).

Laplanche, Jean/Pontalis, Jean-Bertrand (1967): *Das Vokabular der Psychoanalyse.* Aus dem Französischen von Emma Moersch. Frankfurt a. M., Suhrkamp, 1972 (französische Originalausgabe: Vocabulaire de la Psychanalyse, Paris, PUF, 1967).

Legendre, Pierre (1989): *Das Verbrechen des Gefreiten Lortie. Abhandlung über den Vater. Lektionen VIII.* Freiburg im Breisgau, Rombach, 1998 (französische Originalausgabe 1989).

Millot, Catherine (1979): *Freud, Anti-Pädagoge.* Aus dem Französischen übertragen von Monika Metzger. Berlin/Wien, Medusa, 1982 (französische Originalausgabe 1979).

Moll, Jeanne (1989): *La pédagogie psychanalytique. Origine et histoire.* Paris, Dunod.

Nunberg, Herman/Federn, Ernst (Hrsg.) (1977): *Protokolle der Wiener Psychoanalytischen Vereinigung. Band II, 1908-1910.* Frankfurt a. M., Fischer.

Oury, Fernand/Vasquez, Aïda (1967): *Vers une pédagogie institutionnelle.* Vigneux, Matrice, 1993.

Roudinesco, Elisabeth (1986): *Wien-Paris, Die Geschichte der Psychoanalyse in Frankreich, Band 1, 1885-1939.* Aus dem Französischen von Brigitta Restorff. Weinheim/Berlin, Beltz Quadriga, 1994 (französische Originalausgabe 1986; in der deutschen Übersetzung fehlen der Teil 2 und die Abschnitte 2 und 3 des Teils 3).

Roudinesco, Elisabeth (1993): *Jacques Lacan. Esquisse d'une vie, histoire d'un système de pensée.* Paris, Fayard.

Sylvestre, Michel (1993): *Demain la psychanalyse.* Paris, Seuil.

Wiener Psychoanalytische Vereinigung (Hrsg.) (1976): *Wer war August Aichhorn. Briefe, Dokumente, Unveröffentlichte Arbeiten.* Wien, Löcker und Wögenstein.

Zeitschrift für psychoanalytische Pädagogik (1926-36). Wien, Internationaler Psychoanalytischer Verlag.

Zulliger, Hans (1921): *Psychanalytische Erfahrungen aus der Volksschulpraxis. (Schriften zur Seelenkunde und Erziehungskunst. Herausgegeben von Dr. Oskar Pfister, Pfarrer in Zürich).* Bern, Bircher.

Zulliger, Hans (1961): *Horde, Bande, Gemeinschaft. Eine sozialpsychologischpädagogische Untersuchung.* Stuttgart, Klett.

Zulliger, Hans (1966): *Oskar Pfister (1873-1956), Psychoanalysis and faith.* In: Alexander, F. u. a. (Ed): *Psychoanalytic Pioneers.* New York, London, p. 169-179.

Bibliografie der in der französischen Originalausgabe zitierten Literatur

Aichhorn, August (1973): *Jeunesse à l'abandon*. Toulouse, Privat.

Assoun, Paul-Laurent (1993): *Freud et les sciences sociales*. Paris, Armand Colin.

Bion, Winfried R. (1961): *Recherche sur les petits groupes*. PUF, 1965.

Cifali, Mireille (1982): *Freud pédagogue? Psychanalyse et éducation*. InterEditions.

Cifali, Mireille (1996): *August Aichhorn, au risque du social*. In: *Les Cahiers du collège international de l'adolescence, 1*.

Cifali, Mireille/Moll, Jeanne (1985): *Pédagogie et psychanalyse*. Paris, Dunod.

Freud, Sigmund/Jones, Ernest (1998): *Correspondance de Freud à Jones*. Paris, PUF.

Dor, Joël (1989): *Le père et sa fonction en psychanalyse*. Paris, Point Hors Ligne.

Freud, Anna (1951): *Le traitement psychanalytique des enfants*. PUF.

Freud, Sigmund (1895): *Esquisse d'une psychologie scientifique*. In: *La naissance de la psychanalyse*. PUF, 1956.

Freud, Sigmund (1905): *Trois essais sur la théorie sexuelle*. Gallimard, 1987.

Freud, Sigmund (1908): *Les théories sexuelles infantiles*. In: *La vie sexuelle*. PUF, 1969.

Freud, Sigmund (1908): *La morale sexuelle »civilisée« et la maladie nerveuse des temps modernes*. In: *La vie sexuelle*. PUF, 1969.

Freud, Sigmund (1909): *Analyse d'une phobie chez un petit garçon de cinq ans*. In: *Cinq psychanalyse*. Paris, PUF, 1966.

Freud, Sigmund (1912): *Totem et tabou*. OC, XI, 1998.

Freud, Sigmund (1912): *Sur le plus général des rabaissements de la vie amoureuse*. In: *La vie sexuelle*. PUF, 1969.

Freud, Sigmund (1913): *Préface à la Méthode psychanalytique d'Oscar Pfister*. Ornicar, n° 2, 1975.

Freud, Sigmund (1913): *L'interêt de la psychanalyse*. In: *Résultats, idées, problèmes, I, 1890- 1920*. PUF, 1984.

Freud, Sigmund (1913), *Conseils aux médecins sur le traitement analytique*. In: *De la technique psychanalytique*. PUF, 1953.

Freud, Sigmund (1915): *Actuelles sur la guerre et sur la mort. Oeuvres complètes, XIII.* PUF, 1988.

Freud, Sigmund (1915): *Introduction à la psychanalyse*. Payot, 1965.

Freud, Sigmund (1921): *Psychologie des masses et analyse du moi*. OC, XVI, 1991.

Freud, Sigmund (1924): *Court abrégé de psychanalyse*. OC, XVI, 1991.

Freud, Sigmund (1984): *Résultats, idées, problèmes, I. 1890-1920*. Paris, PUF.

Freud, Sigmund (1925): *Préface à Aichhorn*. OC, XVII, 1991.

Freud, Sigmund (1925): *Les résistances contre la psychanalyse*. OC, XVII, 1992.

Freud, Sigmund (1925): *Autoprésentation*. OC, XVII, 1992.

Freud, Sigmund (1926): *La question de l'analyse profane*. OC, XVIII, 1994.

Freud, Sigmund (1927): *L'avenir d'une illusion*. OC, XVIII, 1994.

Freud, Sigmund (1929): *Le malaise dans la culture*. OC, XVIII, 1994.

Freud, Sigmund (1932): *Nouvelle suite des leçons*. OC, XIX, 1995.

Freud, Sigmund (1966): *Correspondance avec le pasteur Pfister*. Gallimard, 1966.

Freud, Sigmund (1969): *La vie sexuelle*. PUF, 1969.

Freud, Sigmund/Jung, Carl-Gustav (1992): *Correspondance, 1906-1914*. Gallimard.

Imbert, Francis et le GRPI (1996): *L'inconscient dans la classe*. ESF.

Imbert, Francis (1992): *Vers une clinique du pédagogique*. Vigneux, Matrice.

Lacan, Jacques (1966): *Subversion du sujet et dialectique du désir*. In: *Ecrits*, Seuil.

Lacan, Jacques (1975): *Le séminaire, Livre I, Les écrits techniques de Freud*. Seuil.

Lacan, Jacques (1978): *Le Séminaire, Livre II, Le moi dans la théorie de Freud et dans la technique de la psychanalyse*. Seuil.

Lacan, Jacques (1973): *Le Séminaire, Livre XI: Les quatre concepts fondamentaux de la psychanalyse*. Seuil.

Laplanche, Jean/Pontalis, Jean-Bertrand (1967): *Vocabulaire de la psychanalyse*. Art. *Complexe d'Œdipe*. PUF.

Legendre, Pierre (1989): *Leçons VIII, Le crime du caporal Lortie. Traité sur le père.* Paris, Fayard.

Nunberg, Herman/Federn, Ernst (Ed.) (1978): *Les premiers psychanalystes. Minutes de la Société psychanalytique de Vienne.* T.II, Gallimard.

Millot, Catherine (1979): *Freud Anti-pédagogue.* Ornicar.

Moll, Jeanne (1989): *La pédagogie psychanalytique, origine et histoire.* Paris, Dunod.

Oury, Fernand/Vasquez, Aïda (1967): *Vers une pédagogie institutionnelle.* Matrice, 1993.

Roudinesco, Elisabeth (1994): *Histoire de la psychanalyse en France. I, 1885-1939.* Fayard.

Sylvestre, Michel (1993): *Demain la psychanalyse.* Paris, Seuil.

Zeitschrift für psychoanalytische Pädagogik. Wien, Internationaler Psychoanalytischer Verlag, 1926-37.

Zulliger, Hans (1969): *Horde, bande, communauté.* Paris, Bloud & Gay.

Zulliger, Hans (1972): *L'angoisse de nos enfants.* Salvator, Mulhouse.

Zulliger, Hans (1971): *Oskar Pfister (1873-1956), Psicoanalisi e fede.* In: *Pionieri della psicanalisi.* Varese, Feltrinelli.

Zusätzliche Bibliografie der französischen Ausgabe

Amram, Michel/Ortoli, Fabienne (1990): *L'école avec Françoise Dolto: le rôle du désir dans l'éducation.* Paris, Hatier.

Baietto, Marie-Claude (1982): *Le désir d'enseigner.* Paris, ESF.

Cifali, Mireille (1994): *Le lien éducatif: contre-jour psychanalytique.* PUF.

Dolto, Françoise (1981): *La difficulté de vivre.* Paris, Inter Edition.

Filloux, Janine (1996): *Du contrat pédagogique.* Paris, L'Harmattan.

Giust-Desprairie, Florence (1989): *L'enfant rêvé. Signification imaginaire d'une école nouvelle.* Paris, Armand Colin.

Imbert, Francis/GRPI (1994): *Médiations, institutions et loi dans la classe.* Paris, ESF.

Imbert, Francis/GRPI (1996): *L'inconscient dans la classe.* Paris, ESF.

Imbert, Francis/GRPI (1998): *Vivre ensemble.* Paris, ESF.

Lévine, Jacques u. a. (1968): *Mon enfant sera bon élève.* Paris, Stock.

Mannoni, Maud (1979): *Education impossible.* Paris, Seuil.

Mannoni, Octave (1980): *Un commencement qui n'en finit pas.* Paris, Seuil.

Miller, Alice (1984): *C'est pour ton bien.* Paris, Aubier Montaigne.

Moll, Jeanne (1989): *La pédagogie psychanalytique. Origine et histoire.* Paris, Dunod.

Monneraye (de la), Yves (1991): *La parole rééducatrice.* Toulouse, Privat.

Natanson, Madeleine et Jacques (sous la direction de) (1986): *L'inconscient dans l'éducation.* Etudes psychothérapeutiques, no 65.

Pochet, Catherine u. a. (1987): *L'année dernière j'étais mort. Singé Miloud.* Vigneux, Matrice.

Pochet, Catherine/Oury, Fernand (1979): *Qui c'est l'Conseil?* Vigneux, Matrice, 1997.

Roquefort, Daniel (1996): *Le rôle de l'éducateur. Education et psychanalyse.* Paris, L'Harmattan.

Thébaudin, Françoise/Oury, Fernand (1987): *Pédagogie institutionnelle.* Vigneux, Matrice.

Vasquez, Aïda/Oury, Fernand (1971): *De la classe coopérative à la pédagogie institutionnelle.* Vigneux, Matrice, 1997.

Zulliger, Hans (1972): *L'angoisse de nos enfants.* Salvator-Mulhouse.

Zulliger, Hans (1969): *Chapardeurs et jeunes voleurs.* Paris, Bloud et Gay.

Beat Manz

Geschichtlicher Abriss zur psychoanalytischen Pädagogik

Es ist nicht dasselbe, ob man – wie Freud – in den Neurosen die unaufhebbaren Antinomien unseres kulturellen Seins entziffert oder ob man kulturelle Phänomene nach Maßgabe einer Devianzpsychologie interpretiert, die das Bestehende unkritisch zur allgemeinen Norm erhebt. (Achim Perner)[213]

Von den Anfängen bis zur Blütezeit

Die Bewegung der psychoanalytischen Pädagogik – der Anwendung der Psychoanalyse auf die Pädagogik – beginnt mit dem programmatischen Vortrag von *Sandor Ferenczi* (1873-1933) am 1. internationalen psychoanalytischen Kongress 1908 in Salzburg. Ferenczi gab der Hoffnung Ausdruck, dass es einer neuen, experimentellen, sich an den Erkenntnissen der Psychoanalyse orientierenden Pädagogik gelingen könnte, in Zukunft viele neurotische Entwicklungen zu verhindern.[214]

Kurz darauf (1909) erschien Sigmund Freuds *Analyse der Phobie eines vierjährigen Knaben*, des »kleinen Hans«. Sie gilt als Gründungstext der Kinderanalyse.

In Zürich veröffentlichte der protestantische Pfarrer und Seminarlehrer *Oskar Pfister* (1873-1956) eine Einführung in die Psychoanalyse für Pädagogen, *Die psychanalytische Methode* (1913). Darin definierte er die sog. »Pädanalyse«, die Anwendung der Psychoanalyse auf die Behandlung neurotischer Störungen bei normalen Kindern und Jugendlichen, als »vom

---

[213] Perner, 1991, S. 30.
[214] Vgl. Ferenczi, 1908, S. 7.

Fachpädagogen ausgeübte Erziehungskunst«.[215] In der Pädanalyse überschneiden sich Pädagogik und psychoanalytische Psychotherapie. Pfister sah in ihr »ein aus der psychoanalytischen Theorie abgeleitetes Hilfsmittel, das, der allgemeinen Erziehung eingeordnet, den analysekundigen Lehrer befähigen sollte, durch Analysen gesunder und gefährdeter, aber noch nicht neurotischer Kinder vorbeugend zu wirken und bei neurosekranken mit dem Arzt zusammenzuarbeiten.«[216] Im Ferienkurs der schweizerischen pädagogischen Gesellschaft hielt er im Oktober 1916 in Sundlauenen bei Interlaken (Kanton Bern) Vorträge für Lehrerinnen und Lehrer, die das Wesentliche seines Buches unter dem Titel *Was bietet die Psychanalyse dem Erzieher?* enthielten.[217] Aus heutiger Sicht staunen wir über das Ansinnen Pfisters, Lehrpersonen zu Psychotherapeuten der ihnen anvertrauten Schülerinnen und Schüler zu machen.

1905 wurde *Ernst Schneider* (1878-1957) Direktor des staatlichen Lehrerseminars in Bern. Etwa ab 1911/12 unterrichtete er die angehenden Lehrer in psychoanalytischer Psychologie.[218] Einer seiner Schüler war *Hans Zulliger* (1893-1965).

Nach dem Ersten Weltkrieg wurden Erziehungsversuche mit einer von der Psychoanalyse beeinflussten Pädagogik gestartet:

In Wien leitete *Siegfried Bernfeld* (1892-1953) ein Kinderheim für verwahrloste jüdische Waisenkinder aus Polen, das Kinderheim Baumgarten. Er legte Wert darauf, dass die 300 Kinder und Jugendlichen Verantwortung für Ordnung und Disziplin übernahmen und dass im Unterricht Intellekt und Gemüt gleichermaßen geschult würden. Neben der Psychoanalyse berief er sich auf die Reformpädagogik Maria Montessoris, Berthold Ottos und Gustav Wynekens. Leider bestand das Heim nur einige wenige Monate lang, von August 1919 bis April 1920.[219]

---

[215] Pfister, 1913, S. 447. (Pfister wählte in den ersten Veröffentlichungen die im französischen Sprachraum übliche Schreibweise »Psychanalyse«, weil er das Aufeinandertreffen zweier Vokale für unschön hielt. Zulliger folgte ihm hierin.)
[216] Bittner/Rehm, 1964, S. 14.
[217] Pfister, 1917.
[218] Vgl. Weber, 1999.
[219] Bernfeld, 1921, S. 94-215; vgl. Erich, 1993, S. 95.

Bernfeld hatte in Freiburg im Breisgau und in Wien Pädagogik und Psychologie studiert und 1915 promoviert. Er war Anhänger der Jugendbewegung und gründete Zeitschriften, die sich diesem Thema widmeten. 1919 wurde er Mitglied der Wiener Psychoanalytischen Vereinigung. Ab 1924 hielt er Vorträge zur Einführung in die Psychoanalyse im Verein Wiener Volksbildung und am Lehrinstitut der Psychoanalytischen Vereinigung. Das Publikum bestand aus Lehrern, Erziehern, Pädagogen, Kindergärtnerinnen und Psychologen. 1925 ging er nach Berlin. Mit Carl Müller-Braunschweig leitete er die psychoanalytisch-pädagogische Arbeitsgemeinschaft, in der die interdisziplinäre Auseinandersetzung mit berufstätigen Pädagogen, Heilpädagogen, Fürsorgern, Kindergärtnerinnen und Psychoanalytikern gepflegt wurde. Die theoretischen Konzepte der Psychoanalyse wurden anhand konkreter Fallbeispiele erklärt. 1932 kehrte er nach Wien zurück.

In Moskau führte *Wera Schmidt* 1921 bis 1923 ein Kinderheim auf analytischer Grundlage.[220] In der Nähe Londons gründete der mit dem Analytiker Willhelm Reich befreundete *Alexander Neill* (1883-1973) 1920 das Landschulinternat Summerhill.

Nelly Wolffheim (1879-1965) leitete in Berlin einen Kindergarten nach psychoanalytisch-pädagogischen Grundsätzen.[221]

Nicht nur in Berlin und Wien, auch in den psychoanalytischen Ausbildungsinstituten in Budapest und Stuttgart gab es Einführungskurse in Psychoanalyse für Lehrer, Kindergärtnerinnen und Fürsorgeerzieher (so hießen damals die Sozialpädagogen und Sozialarbeiter).

Hermine Hug-Hellmuth (1871-1924) folgte dem Beispiel Freuds in der Behandlung kleiner Kinder in Wien. Sie gilt als erste Kinderanalytikerin und ebnete sowohl *Anna Freud* wie auch *Melanie Klein* den Weg zu dieser Anwendung der Analyse.

Hans Zulliger hatte durch seinen Seminardirektor und Psychologielehrer, Ernst Schneider, zum ersten Mal von der neuen Wissenschaft gehört. Als er mit 19 Jahren in Ittigen bei Bern Lehrer wurde, folgte er dem Vorbild

---

[220] Vgl. Schmidt, 1923.
[221] Vgl. Müller, 1993.

Pfisters und führte mit einzelnen Schülern und Schülerinnen seiner Klasse, die neurotische Symptome oder Verhaltensstörungen zeigten, analytische Gespräche. 1921 legte er Rechenschaft über diese Arbeit ab. Er verteidigte die Nützlichkeit der Psychoanalyse für den Lehrer gegenüber jenen kritischen Stimmen der regierungsrätlichen Obrigkeit, die den Weggang Schneiders als Direktor des Seminars veranlasst hatten.[222]

Schneider erhielt einen Lehrauftrag am Institut Jean-Jacques Rousseau in Genf und anschließend eine Professur in Pädagogik in Riga (von 1920 bis 1928[223]).

In Wien war der Lehrer und Fürsorgeerzieher *August Aichhorn* (1878-1949) auf die Psychoanalyse aufmerksam geworden. Er wirkte zwischen 1918 und 1922 als Direktor einer Besserungsanstalt für fast 1000 durch den Krieg verwahrloste Jugendliche in Oberhollabrunn und St. Andrä. Darauf wurde er vom Jugendamt der Stadt Wien beauftragt, Erziehungsberatungsstellen aufzubauen und zu leiten. Die Psychoanalyse half ihm, seine Erfolge als Fürsorgeerzieher im Heim und als Erziehungsberater theoretisch zu begründen. Das 1925 veröffentlichte Buch *Verwahrloste Jugend* wurde ein Klassiker der psychoanalytischen Sozialarbeit.[224]

Ein weiteres, für die psychoanalytische Pädagogik grundlegendes Werk, das im selben Jahr erschien, war Bernfelds *Sisyphos oder die Grenzen der Erziehung*. In ihm verbindet der Autor marxistische Gesellschaftskritik mit psychoanalytischer Untersuchung der Erziehungsbedingungen. »Bernfeld geht mit seiner Streitschrift ironisch und polemisierend der Frage nach: Erziehung wofür und für wen? Die Grenzen der Erziehung sieht er nicht so sehr in der Erziehbarkeit des Kindes oder der Person des Erziehers, sondern in ihrer Funktion innerhalb der kapitalistischen Gesellschaft: Erziehung ist in Bezug auf diese Gesellschaft immer konservativ und orientiert sich an den Machttendenzen der erziehenden Gruppe.«[225]

Anna Freud (1895-1982), das jüngste der sechs Kinder von Martha und

---

[222] Vgl. Zulliger, 1921.
[223] Vgl. Bohleber, 1986, S. 380.
[224] Aichhorn, 1925.
[225] Bernfeld, 1925, S. 1, Editorische Notiz.

Sigmund, machte eine private Ausbildung zur Lehrerin und unterrichtete nach dem Abschluss 1917 am Cottage Lyceum in Wien drei Jahre lang als Volksschullehrerin. Sie begann sich früh für die Psychoanalyse zu interessieren, hörte 1914/15 die Vorlesungen zur »Einführung in die Psychoanalyse« ihres Vaters und machte ihre Lehranalyse bei ihm (1918-21). 1922 hielt sie ihren Aufnahmevortrag »Schlagephantasie und Tagtraum« in der Wiener Psychoanalytischen Vereinigung, welche sie als Mitglied aufnahm. Sie begann ihre analytische Tätigkeit mit Erwachsenen und Kindern 1923. Ab diesem Jahr vertrat sie ihren Vater an den psychoanalytischen Kongressen, die er aus gesundheitlichen Gründen nicht mehr selber besuchen konnte. Ab 1926 beteiligte sie sich mit Aichhorn, Willy Hoffer und Hedwig Schaxel am »Lehrkurs für Pädagogen«. 1927 veröffentlichte sie ihr Buch *Einführung in die Technik der Kinderanalyse*. Es entfachte eine Kontroverse zwischen der Autorin und Melanie Klein (1882-1960), die in London Kinder mit der von ihr entwickelten Spielanalyse behandelte.

Anna Freud schrieb mehrere Artikel für die *Zeitschrift für psychoanalytische Pädagogik* (siehe unten). Gemeinsam mit Aichhorn hielt sie Vorträge vor Horterziehern, welche sie 1930 unter dem Titel *Psychoanalyse für Pädagogen* veröffentlichte. Im selben Jahr nahm sie für ihren Vater den Goethe-Preis entgegen. 1936 läutete ihr Buch *Das Ich und die Abwehrmechanismen* die sog. psychoanalytische Ich-Psychologie ein.

Heinrich Meng (1887-1972) studierte in Freiburg im Breisgau, Leipzig, Würzburg und Heidelberg Medizin und ließ sich 1914 als praktischer Arzt in Stuttgart nieder. Über Karl Landauer lernte er die Psychoanalyse kennen und folgte 1919 einer Einladung Freuds nach Wien. Meng machte eine erste Analyse bei Paul Federn, eine zweite in Berlin bei Hans Sachs, wo er an der psychoanalytischen Poliklinik arbeitete. 1926 nach Stuttgart zurückgekehrt, gab er im Hippokrates-Verlag mit Paul Federn das *Psychoanalytische Volksbuch* heraus. Im selben Jahr gründete er mit Ernst Schneider die *Zeitschrift für psychoanalytische Pädagogik*, in der bis 1937 mehr als 300 Artikel namhafter Pädagogen und Psychoanalytiker erschienen. 1931 traten Paul Federn, Anna Freud, A. J. Storfer, Aichhorn und Zulliger dem Redaktionsteam bei.

1927 und 1929 organisierten Meng und Schneider in Stuttgart eine pädagogische Woche unter dem Titel »Zur Einführung in die psychoanalytische Pädagogik für Erzieher, Lehrer und Ärzte«, in der auch Zulliger jeweils einen Vortrag hielt.[226]

Die elf Jahre des Bestehens der Zeitschrift gelten als die Blütezeit der psychoanalytischen Pädagogik. Was 1908 als Aufruf zur Neurosenprophylaxe durch eine freiere, weniger repressive Erziehung begann, hatte sich in verschiedene Forschungs- und Anwendungsfelder ausdifferenziert: Neben der Kinderanalyse, die sich immer mehr als ein eigenständiger Zweig von der Bewegung ablöste und sich hinsichtlich der Ausbildung und der Rahmenbedingungen ihrer Durchführung der Erwachsenenanalyse annäherte, entfaltete sich eine psychoanalytische Entwicklungspsychologie, eine Erforschung der Erziehung nach psychoanalytischen Grundsätzen in der Familie, im Kindergarten und in der Schule und eine an der Psychoanalyse orientierte Erziehungsberatung.[227]

Die anfänglich große Hoffnung, eine Erziehungslehre zu finden, die neurotische Entwicklungen verhindern könnte, wich mit den Jahren der ernüchternden Einsicht, dass diese Aufgabe schwieriger zu leisten sei als angenommen. Einer ersten Zeit, in der einer gewährenden Erziehung das Wort geredet wurde, etwa bei Wittels, der die freie Entfaltung des Kindes möglichst ohne Einmischung der Erwachsenen forderte,[228] folgte eine Zeit, in der verkündet wurde, in der Erziehung müsse ein Mittelweg zwischen Erlauben und Verbieten gefunden werden. Das hieß einzusehen, dass man nicht umhin kann, die Triebhaftigkeit des Kindes in Schranken zu weisen. Im Aufwachsen macht das Kind immer wieder Phasen durch, die den Charakter eigentlicher neurotischer Störungen tragen. »Psychoanalytische Erfahrung zeigt, dass die Neurosen der Preis sind, den die Menschheit für die Kulturentwicklung zahlt«, wird Anna Freud 1968 rückblickend erklären.[229]

Zudem erwies es sich, dass es unmöglich sei, eine psychoanalytische Erziehungslehre wie üblich nach den Merkmalen von Zielen und Mitteln

---

[226] Über Meng siehe Berna, 1995, Bohleber, 1986, Meng, 1971, Plänkers, 1996.
[227] Vgl. Füchtner, 1979, S. 14.
[228] Vgl. Wittels, 1927.
[229] Freud, A., 1968, S. 17/18.

zu formulieren, wo das Wesentliche der Psychoanalyse in der Erkenntnis des Unbewussten liegt: Nicht was bewusst angestrebt wird, ist letztlich entscheidend, sondern das, was sich unbewusst im Erziehenden in seiner Beziehung zum Kind durchsetzt. Nun wurde die Erziehung der Erzieher gefordert, die Analyse der Berufserzieher – ein hoher Anspruch. Die Erkenntnisse der Psychoanalyse sind nicht einfach zu erlangen: Sie müssen im schwierigen Reflexionsprozess mit dem Analytiker erlitten werden. Dabei hatten die Pädagogen kaum Aussicht, sich den Status eines Analytikers zu erwerben. Das verhinderte oder erschwerte ihnen eine ärztliche Mehrheit unter den Analytikern in den meisten psychoanalytischen Vereinigungen, obwohl sich Freud für die sog. Laienanalyse (die Analyse durch Nichtmediziner) einsetzte.

Es liegt in der Natur der Psychoanalyse, dass die gewonnenen Einsichten in die psychischen Konflikte nicht einfach in Handlungsanweisungen umgesetzt werden können. Jede Situation muss neu beurteilt und dann entschieden werden, was zu tun sei. Die Psychoanalyse orientiert sich am Einzelfall; die Anwendung auf Gruppensituationen wie den Unterricht oder die Heimerziehung lässt sie nicht ohne weiteres zu. Die Pädagogik in staatlichen Institutionen neigt zudem dazu, unter den Einfluss der politisch dominanten Macht zu geraten, was dem kulturkritischen und aufklärenden Geist der Psychoanalyse widerspricht. Die Lehrerinnen und Lehrer stehen unter dem Druck, die Kinder der geltenden Norm oft mehr anzupassen, als deren freien Entfaltung und Förderung der Unabhängigkeit zuträglich ist.

Diese Schwierigkeiten führten dazu, dass das breite Interesse der Pädagogen an der Psychoanalyse abnahm.

Die Zeitschrift entwickelte sich in eine Richtung, die mehr und mehr die Interessen der Kinderanalytiker bediente und weniger diejenigen der Lehrerinnen und Lehrer, die eine anschauliche, auf ihre Schulpraxis bezogene Sprache benötigt hätten.[230]

1937 zerstörte der Faschismus nicht nur die publizistische, sondern auch die praktische Tätigkeit der psychoanalytischen Pädagogen in Deutschland und Österreich.

---

[230] Vgl. Federn, 1990, S. 45.

Die in die USA und nach England emigrierte psychoanalytische Pädagogik

Mit dem Aufkommen des Faschismus begann die Auswanderung der meistens jüdischen Vertreter der Psychoanalyse und der psychoanalytischen Pädagogik nach England und den Vereinigten Staaten. Von hier gingen die wichtigsten Weiterentwicklungen aus und wirkten auf Europa nach dem Krieg zurück.

Bernfeld ging 1934 ging nach Südfrankreich ins Exil. 1937 emigrierte er über London nach Kalifornien. Er arbeitete als Lehranalytiker und war Lehrer am Psychoanalytischen Institut in San Francisco und Dozent an der Medical School der Universität von Kalifornien.[231]

1938 reiste *Anna Freud* mit ihren Eltern über Paris nach London aus, nachdem sich Österreich dem Nazi-Regime angeschlossen hatte und die Gestapo die Familie bedrohte. In London pflegte sie ihren Vater bis zum Tod im September 1939. Sie begann die Herausgabe seiner *Gesammelten Werke*. Von 1940 bis 1945 leitete sie ein Kriegskinder-Heim, die Hampstead Nurseries, das Kleinkinder aufnahm, die durch den Krieg geschädigt worden waren. In zwei Veröffentlichungen mit Dorothy Burlingham legte sie Rechenschaft über diese Erfahrung in Heimerziehung ab. Sie wurde in die Britische Psychoanalytische Gesellschaft aufgenommen, erhielt die Funktion einer Lehranalytikerin und hielt Seminare ab. Von 1944 bis 1949 war sie Generalsekretärin der Internationalen Psychoanalytischen Vereinigung. 1945 gründete sie die Jahreszeitschrift *The Psychoanalytic Study of the Child*, 1947 ein Ausbildungsinstitut für Kinderanalyse, das 1952 um ein Therapie-Institut erweitert wurde, die Hampstead Child Therapy Clinic. Ihre Forschungen befassten sich mit der psychoanalytischen Entwicklungstheorie. Deren Resultate stellte sie 1965 in ihrem Werk *Wege und Irrwege in der Kinderentwicklung* dar (deutsch 1968).

Sie erhielt mehrere Auszeichnungen und Ehrendoktorate, 1972 den Eherndoktor in Medizin der Wiener Universität.[232]

---

[231] Vgl. Erich, 1993, S. 94-102.
[232] Vgl. Leupold-Löwenthal, 1994, Salber, 1985; Freud, A./Aichhorn, 2012; Freud,

Bruno Bettelheim (1903-1990) studierte Germanistik, Philosophie und Kunstgeschichte in Wien. Er machte eine Analyse bei Richard Sterba. Als Anna Freud für ein autistisches Kind einen Pflegeplatz suchte, waren Bettelheim und seine Frau bereit, das Kind aufzunehmen und es sieben Jahre lang zu betreuen. 1938 wurde er von der Gestapo verhaftet und in Dachau interniert. Ein Jahr später konnte er durch die Intervention einflussreicher amerikanischer Freunde in die USA emigrieren. In Chicago wurde er 1944 mit der Leitung und Umgestaltung der Orthogenic School, einer Einrichtung für autistische Kinder, betraut. Er leitete sie bis ins Jahr 1973. Er wurde zum Professor für Pädagogik an der Universität Chicago ernannt und veröffentlichte mehrer Bücher über seine Erfahrungen mit der sogenannten »Milieutherapie«. Damit meint er die Schaffung einer lebenswerten und fördernden Umwelt für die Kinder im Heim, wo diese Geborgenheit, Liebe und Wertschätzung erfahren können. Damit dies geschieht, muss das Team der Therapeuten und Sozialpädagogen gut zusammenarbeiten und ihre eigenen emotionalen Reaktionen auf das Verhalten der Kinder reflektieren können. Bettelheim erweiterte mit dieser Praxis die Anwendung der psychoanalytischen Pädagogik auf die Behandlung und Erziehung von psychotischen und autistischen Kindern.[233]

Fritz Redl (1902-1988) studierte an der Wiener Universität Philosophie, Psychologie, Germanistik und Anglistik. 1926 wurde er Gymnasiallehrer. 1928 trat er in das Wiener Psychoanalytische Institut ein und machte eine Lehranalyse bei Richard Sterba. Er wurde Schulpsychologe in einem Landerziehungsheim. Zwischen 1934 und 1936 richtete er mit August Aichhorn Erziehungsberatungsstellen des Wiener Volksbildungsreferates ein. 1936 erhielt er einen Forschungsauftrag der Rockefeller Foundation und zog in die Vereinigten Staaten. Redl war kein Jude, aber wegen seiner sozialistischen Gesinnung in Österreich gefährdet. 1941 wurde er zum Professor für Sozialarbeit an die Wayne University in Detroit berufen. 1944 gründete er das Pioneer House, ein kleines Erziehungsheim in einem Elendsviertel von Detroit. Dieses nahm schwer gestörte, äußerst aggressive Jungen mit

---

A., 1927, 1930, 1936; Burlingham/Freud 1949, 1950; Freud, A., 1968.
[233] Vgl. Göppel, 1995, S. 109-125; Bettelheim, 1970.

delinquenten Verhaltensmustern auf, zu denen er therapeutische Zugänge auf der Grundlage der psychoanalytischen Ich-Psychologie entwickelte. Bekannt geworden ist sein »Life-Space-Interview«, eine Gesprächsform, in dem ein Jugendlicher dahin geführt wird, seine Mitverantwortung an einem Konflikt einzusehen und anzunehmen.[234]

Rudolf Ekstein (1912-2005), ein anderer Schüler Aichhorns, konnte einen Tag vor seiner Verhaftung durch die Gestapo 1938 über London nach New York fliehen. In Boston ließ er sich an der Social Work School zum Sozialarbeiter ausbilden. Bei Eduard Hitschmann machte er seine Lehranalyse. Er wurde Direktor der Southard School, die der Menninger Foundation angeschlossen war. Dort arbeitete er als Psychotherapeut mit psychotischen und sog. »Grenzfallkindern« (»Borderline-Kindern«). Er forschte, lehrte und publizierte zu diesem Thema. 1957 zog er mit seiner Familie nach Los Angeles. In der Reiss-Davis Klinik wurde er psychoanalytischer Psychotherapeut von autistischen Kindern. 1961 kehrte er zum ersten Mal nach Wien zurück. Von diesem Jahr an kam er regelmäßig nach Wien um Vorträge zu halten.[235]

Ernst Federn (1914-2007) war der Sohn des Arztes und Psychoanalytikers Paul Federn, des Lehranalytikers von August Aichhorn. Ernst Federn studierte an der Wiener Universität Sozialwissenschaften und Jura. Wegen seines politischen Engagements wurde er 1936 vom Studium ausgeschlossen. Er begann sich für Heilpädagogik und Sozialarbeit zu interessieren und wandte sich 1937 an Aichhorn, der ihm riet, die verschiedenen Bereiche der Wohlfahrtsfürsorge kennenzulernen. 1938 wurde er von der Gestapo verhaftet und 1939 ins Konzentrationslager Dachau eingeliefert. Dort lernte er seinen Mithäftling Bettelheim kennen. 1942 wurde er nach Buchenwald überführt. Wie durch ein Wunder entging er der Vernichtung und wurde mit einer Gruppe belgischer Häftlinge 1945 nach Brüssel geflogen. Er und seine Frau erhielten 1948 eine Einreisegenehmigung nach Amerika. An der Columbia Universität in New York begann er eine Ausbildung als Sozialarbeiter, die er 1950 mit dem Magister in »Social Work« abschloss. Danach

---

[234] Vgl. Fatke, 1995, S. 83-107; Redl, 1971.
[235] Vgl. Kaufhold, 1993a, S. 50-51.

leitete er ein psychoanalytisches Fortbildungsseminar für Nicht-Ärzte und war als Supervisor in einem Heim für verhaltensauffällige Jugendliche tätig. Zudem gab er zusammen mit seiner Frau und Herman Nunberg die Protokolle der Wiener Mittwochsgesellschaft (1902-18) heraus. 1961 zog er mit seiner Frau nach Cleveland, Ohio, wo er ebenfalls als Supervisor arbeitete. 1964, als sich in San Francisco in kurzer Zeit eine große Drogenszene entwickelte, gründete er ein erstes Auffangzentrum. 1972 wurde er im Namen der österreichischen Regierung als Konsulent für den Strafvollzug Jugendlicher nach Wien geladen. Seither besuchte er regelmäßig Österreich und andere europäische Länder, hielt Vorträge und war als psychoanalytischer Supervisor für sozialtherapeutische Einrichtungen tätig.[236]

Das Interesse an der psychoanalytischen Pädagogik in Deutschland, Österreich, der Schweiz und Frankreich nach 1945 bis heute

Anknüpfung an die Vergangenheit in Deutschland, der Schweiz und Österreich

Sie geschah durch die wenigen in Europa verbliebenen, an der Erziehung interessierten Analytiker, vor allem durch deren Vortragstätigkeiten und Neuveröffentlichungen der Texte, die in der *Zeitschrift für psychoanalytische Pädagogik* gedruckt worden waren.

Aichhorn blieb während des Krieges in Wien und versuchte mit einer Gruppe Interessierter die Tradition der Wiener Gruppe aufrechtzuerhalten. Nur das letzte Kriegsjahr verbrachte er in Niederösterreich. 1946, wieder in die Hauptstadt zurückgekehrt, eröffnete er die Wiener Vereinigung neu. Er führte Lehranalysen durch und hielt Vorträge in Psychoanalyse und Erziehungsberatung für Sozialarbeiter und andere Berufe. Nach seinem Tod im Jahr 1949 führte *Rosa Dworschak* seine Arbeit an den Erziehungsberatungsstellen fort.[237]

---

[236] Vgl. Kaufhold, 1993b, S. 57-69.
[237] Vgl. Aichhorn, Th., 1994, Wegner, 1995; Ash (Hrsg.), 2012.

Aichhorns Bedeutung liegt in der Radikalität, mit der er zu den Verwahrlosten hielt, von ihnen ausging und erst zuletzt nach den Interessen der Gesellschaft fragte. Er versuchte, den Motiven der Verwahrlosung auf den Grund zu gehen. »Er hat erkannt, dass der Verwahrloste kein Kranker ist, sondern ein Rebell (...), der seinen Kampf gegen die Gesellschaft, deren Forderung nach Bindung er als naturwidrige Beraubung seiner Freiheit empfindet, auf eigene Faust führt. (...) er weiß, dass nicht der Verwahrloste krank ist, sondern in dessen Augen weit eher die Gesellschaft, deren soziale Ungerechtigkeit nicht nur vom Verwahrlosten als ›krank‹ empfunden werden mag.«[238]

Meng war 1933 nach Basel gezogen. Er erhielt 1937 ein Lektorat an der Universität, 1946 eine Professur für »Psychohygiene«. Unter diesem Titel lehrte er beinahe 20 Jahre lang über Themen, die heute wahrscheinlich von der Sozial- und Präventivmedizin oder von der Gesundheitspsychologie vertreten würden. Er versuchte bereits während des Krieges die Reihe »Bücher des Werdenden«, die er mit Paul Federn begonnen hatte, fortzusetzen. 1945 erschien sein *Zwang und Freiheit in der Erziehung*, 1951 eine Neuauflage Aichhorns *Verwahrloste Jugend*. Ein Sammelwerk, *Praxis der Kinder- und Jugendpsychologie*, mit Beiträgen von Meng, Schneider, Wollfheim, Zulliger und anderen (1951), sowie die erweiterte Neuauflage der Vorträge von Anna Freud aus dem Jahr 1930, *Einführung in die Psychoanalyse für Pädagogen* (1956), die auf zwei Bände erweiterte 5. Auflage des *Psychoanalytischen Volksbuchs* (1957/1964) und Aichhorns *Erziehungsberatung und Erziehungshilfe* (1959) folgten.[239]

Zudem regte er *Günther Bittner* und *Willy Rehm* vom Pädagogischen Seminar der Universität Tübingen an, als elften Band der zweiten Reihe der *Bücher des Werdenden* ausgewählte Artikel der *Zeitschrift für psychoanalytische Pädagogik* neu herauszugeben (1964).[240] Im Zusammenhang mit dieser Veröffentlichung verfassten Bittner und Rehm je ein Buch zur psychoanalytischen Erziehungslehre.[241]

---

[238] Aichhorn über sich selber in einem nachgelassenen Text, zitiert nach Perner, 1991, S. 34.
[239] Meng u. a., 1951, Aichhorn, 1959.
[240] Vgl. Meng, 1964.
[241] Bittner, 1967, Rehm, 1968.

Meng bereitete später weitere Texte aus derselben Zeitschrift zur Veröffentlichung vor. Sie wurden 1973 postum herausgegeben.[242]

Die Gründung des Instituts für Psychohygiene in Biel unter der Leitung von Adolf Friedemann (1949) und des Kreises Köln in Brühl (1970), dessen erster Leiter Gerd Biermann war, gehen ebenfalls auf den Einfluss Mengs zurück

Zulliger, der während des Krieges im wehrpsychologischen Dienst der Schweizer Armee ein Rorschach-Kurzverfahren mit drei Tafeln, den Z-Test, zur Offiziersauswahl entwickelt hatte, erhielt nach 1945 Lehraufträge an der Universität in Zürich und Bern, am Institut für Angewandte Psychologie in Zürich und am Institut für Psychohygiene in Biel. 1952 ehrte ihn die Philosophische Fakultät der Universität Bern mit dem Ehrendoktortitel für sein Gesamtwerk.

1951 und 1952 wurde er zu Vorträgen über Kinderanalyse und psychoanalytische Psychologie nach Deutschland eingeladen, von Alexander Mitscherlich an die Universität Heidelberg, Abteilung für Psychosomatische Medizin, von den Professoren Enke und Heiss nach Treysa-Hephata, Bezirk Kassel. Er veröffentlichte diese Vorträge in zwei Büchern, *Heilende Kräfte im kindlichen Spiel* und *Umgang mit dem kindlichen Gewissen*.[243] Die Universität Heidelberg verlieh ihm 1958 den Ehrendoktortitel in Medizin für seine wissenschaftlichen Verdienste um die »reine Spielanalyse« (psychoanalytische Psychotherapie ohne zu deuten) bei Kindern und der Erforschung der Gewissensbildung.[244] Weitere Vorträge erfolgten in Stuttgart und am neugegründeten psychoanalytischen Institut in Frankfurt. Zulliger veröffentlichte für Laien gut verständliche Bücher über die Ängste der Kinder, über die Pubertät von Knaben und Mädchen, über Entwicklungspsychologie, analytische Kinder- und Jugendlichenpsychotherapie und Erziehungsprobleme, über den Z- und Rorschachtest.

---

[242] Meng, 1973a und 1973b.
[243] Zulliger, 1952 und 1953.
[244] Vgl. Kasser, 1963.

Die Weiterentwicklung bis heute

Aloys Leber (geb. 1921) studierte Psychologie und bildete sich am Stuttgarter Institut für analytische Psychotherapie und Tiefenpsychologie bei Felix Schottlaender und Tobias Brocher zum Analytiker aus. Er befasste sich auch mit der analytischen Psychotherapie bei Kindern und Jugendlichen. Während dieser Zeit lernte er Zulliger anlässlich von Gastvorträgen in Treysa und Stuttgart kennen.

1959 übernahm er in Frankfurt a. M. die Leitung des Heilpädagogischen Beobachtungsheims im Stadtteil Praunheim und führte eine Pädagogik auf psychoanalytischer Grundlage ein. »*Damit begann 1959 die Entwicklung der psychoanalytischen Pädagogik in Frankfurt nach dem Krieg.*«[245]

In einem historisch rückblickenden Interview schildert Leber, wie er versuchte, eine psychoanalytische Erziehungslehre neu zu begründen. Er griff die Studien von Spitz, Bowlby, Robertson und Erikson über frühkindliche Vernachlässigung auf und verband sie mit seinen Erfahrungen als psychologischer Berater und Leiter von Kinderheimen. Er erkannte, dass die ungenügende Betreuung der Kinder im Säuglings- und Kleinkindalter zu Verlassenheits- und Trennungstraumen geführt hatte, die als verdrängte Ursachen erhöhte Aggressivität und Unruhe bewirkten. Mit dem aggressiven Ausbruch bei aktueller Überforderung schützt sich das Kind davor, dass der schulische Alltag die Erinnerung der frühen seelischen Verletzungen wiederbelebt. Um den traumatisierten Kindern gerecht zu werden und therapeutisch zu wirken, müssen die Fachleute, die mit ihnen zu tun haben, belastbar sein und durch Supervision immer wieder entlastet und gestärkt werden. Das Erkennen der Gegenübertragung schützt vor eigenen Wutausbrüchen oder depressivem Rückzug. Als eine wichtige Eigenschaft der Pädagogen nennt Leber »die Toleranz, es [das Kind] mit seinen störenden und belastenden Verhaltensweisen zu ertragen, auf seine offene und versteckte Feindseligkeit nicht mit Vergeltung zu reagieren.«[246]

1972 wurde er zum Professor für Heilpädagogische Psychologie im Fachbereich Erziehungswissenschaften der Johann Wolfgang Goethe-Uni-

---

[245] Leber/Gerspach 1996, S. 491; zu Felix Schottlaender vgl. Bley, 2010.
[246] Ibid., S. 496; vgl. auch Leber/Trescher/Weiss-Zimmer, 1989.

versität in Frankfurt a. M. berufen, eine Stelle, die er bis zu seiner Emeritierung 1987 innehatte. Er war in der Ausbildung von Sonderschullehrern und Diplompsychologen, in der Beratung und Schulung von Heimleitern und Sozialpädagogen und in vielen Forschungsprojekten tätig.

Er gründete 1983 mit *Hans-Georg Trescher* (1950-1992) den Frankfurter Arbeitskreis für Psychoanalytische Pädagogik (FAPP), der eine dreijährige, postgraduale, berufsbegleitende Ausbildung für Fachkräfte in sozialen und pädagogischen Arbeitsfeldern anbietet. In ihr werden psychoanalytische Theorie gelehrt, Supervision und gruppenanalytische Selbsterfahrung ermöglicht. Ziel ist nicht die Ausbildung in Kinderanalyse, sondern die Erhöhung der fachlichen Kompetenz der Fachkräfte (z. B. im Sonderschulbereich, in der Sozialarbeit, in der Betreuung von Migranten usw.) in ihrem angestammten Berufsfeld. Zum wissenschaftlichen Beirat gehörten unter anderen Ernst Federn und Maud Mannoni (cf. unten).

Leber initiierte zwei Schriftenreihen, *Psychoanalytische Reflexion und therapeutische Verfahren in der Pädagogik* und *Anwendungen der Psychoanalyse*. Später gründeten seine Mitarbeiter und Schüler die Reihe *Psychoanalytische Pädagogik* und das *Jahrbuch für psychoanalytische Pädagogik*. Letzteres erschien 1989 zum ersten Mal, herausgegeben von Trescher und Christian Büttner im Grünewald Verlag in Mainz. Seit 1997 erscheint es im Psychosozial-Verlag in Gießen, wo inzwischen der 20. Band veröffentlicht worden ist. Herausgeber sind Wilfried Datler, Urte Finger-Trescher, Johannes Gstach und Kornelia Steinhardt. In der Reihe *Psychoanalytische Pädagogik* sind bisher 24 Bände erschienen.

Reinhard Fatke (geb. 1943) studierte Erziehungswissenschaft, Psychologie, Germanistik, Theologie in Kiel und Tübingen und machte sein Staatsexamen 1969. Während eines zweijährigen Forschungsaufenthaltes in den USA arbeitete er mit Fritz Redl zusammen und gab dessen Schriften in deutscher Übersetzung heraus (1971-80). Nach Promotion und Habilitation wurde er Privatdozent an der Universität Tübingen, 1984-1991 Professor in Fribourg/Schweiz für Sozialarbeit und 1991 Pädagogikprofessor (Sozialpädagogik) in Zürich.[247]

---

[247] Bittner/Ertle, 1985, S. 187 (Autorenspiegel); Redl/Winemann, 1979, S. 2; vgl.

Er bildete 1987 mit Günther Bittner, Burkhard Müller, Hans-Georg Trescher und Johann Zauner die Arbeitsgruppe Pädagogik und Psychoanalyse in der Deutschen Gesellschaft für Erziehungswissenschaften, die 1993 in eine ständige Kommission »Psychoanalytische Pädagogik« umgewandelt wurde.[248]

In Tübingen hat *Stephan Becker* die psychoanalytische Sozialarbeit nach dem Vorbild Aichhorns mit Jugendlichen und jungen Erwachsenen mit großen psychischen Problemen eingeführt. Er fand dabei die Unterstützung des Kinder- und Jugendpsychiaters und Tübinger Professors Reinhard Lempp. Seit 1978 gibt es den »Verein psychoanalytische Sozialarbeit Tübingen und Rottenburg«, der sich Kinder, Jugendlicher und junger Erwachsener mit gravierenden Entwicklungs- und Persönlichkeitsstörungen annimmt. Für diese haben sich sowohl die psychiatrische Klinik als auch die ambulante Psychotherapie als ungeeignet erwiesen. Der Verein folgt dem Leitsatz, das therapeutische Setting den Bedürfnissen und Lebensbedingungen des Jugendlichen anpassen zu wollen und nicht umgekehrt. Damit das so geschaffene Milieu therapeutisch wirksam werden kann, braucht es eine gute Vernetzung der Sozialarbeiter untereinander und mit den anderen Fachleuten, die sich um den Jugendlichen kümmern. »Von der Psychoanalyse hat die psychoanalytische Sozialarbeit das Vokabular, die Theorie des Unbewussten, die Entwicklungspsychologie, die Krankheitslehre, die Lehre von der Übertragung und die Praxis der Supervision übernommen.«[249] Im Gegensatz zur Kinderanalyse hat sie ihren Ursprung in der stationären Arbeit. Zudem sucht sie die Nähe zum Jugendlichen in seiner Alltagsumwelt. Sie versucht, mit diesem vier Orte einzurichten: einen Ort des Alltags und der Versorgung, wo der Jugendliche wohnen, essen, schlafen kann, z. B. in einer betreuten Wohngemeinschaft oder dem Heim des Vereins; einen Ort des Lernens und Arbeitens; einen Ort der analytischen Einzelstunden, im Ambulatorium des Vereins; einen Ort »des Geheimnisses«, wo der Jugendliche sich ohne Aufsicht aufhalten kann.[250]

---

auch Redl, 1971, Redl/Winemann, 1976.
[248] Vgl. Federn, 1993.
[249] Perner, 2010, S. 10/11.
[250] Vgl. Günter/Bruns, 2010, S. 180-183.

Der Verein wurde von den ersten Jahren seines Bestehens an fachlich von Ernst Federn und Rudolf Ekstein beraten.

Alle zwei Jahre führt er eine Fachtagung durch, deren Vorträge jeweils veröffentlicht werden.[251] Die Tagung im Jahr 2012 widmete sich den »Grenzfallkindern« (mit Bezug auf Rudolf Ekstein).

1989 trat Becker die Leitung an andere ab. Er gründete in Berlin einen Verein mit ähnlicher Ausrichtung.

In Zürich kam es 2001 ebenfalls zur Gründung eines Vereins für psychoanalytische Sozialarbeit, die vor allem in der sozialpädagogischen Familienbegleitung tätig ist.[252]

In einem Sammelband, der 2010 von *Evelyn Heinemann* und *Hans Hopf* mit dem Titel *Psychoanalytische Pädagogik* herausgegeben wurde, werden verschiedene Anwendungsfelder in der Sonderpädagogik vorgestellt: Elternunterstützung von frühgeborenen Kindern, Frühförderung behinderter Kinder, familienentlastender Dienst bei schwer behinderten Kindern, Psychomotorik-Therapie, Erziehungsberatung im Kindergarten, Arbeit mit Kindern im Heim und in der Sonderschule, integrierte schulische Erziehungshilfe, Elternarbeit an einer Schule für Kranke, Beratung von Migranten und von geistig behinderten Menschen, Altenbetreuung. Sie berufen sich dabei auf Leber: »Alois Leber ist es zu verdanken, dass sich die Psychoanalytische Pädagogik im Bereich der Sonderpädagogik fest etablierte.«[253]

Frankreich und französische Schweiz

In Frankreich kam es in den 1940er und 1950er Jahren zu einer fruchtbaren Begegnung zwischen der Reformpädagogik *Célestin Freinets* (1886-1966), der institutionellen Psychotherapie von *François Tosquelles* (1912-1994) und *Jean Oury* (geb. 1924) und der Psychoanalyse Jacques Lacans in der Person *Fernand Ourys* (1920-1998).

---

[251] Verein für Psychoanalytische Sozialarbeit Rottenburg und Tübingen (Hrsg.), Edition Diskord im Brandes & Apsel Verlag, Frankfurt a. M.
[252] Vgl. Leuthard, 2010.
[253] Vgl. Heinemann/Hopf, 2010, S. 8.

Freinet wurde 1920 in Bar-sur-Loup, einem kleinen Dörfchen in der Nähe von Grasse (Südfrankreich) Lehrer. Da er wegen einer im ersten Weltkrieg erlittenen Verletzung im Reden behindert war, sann er nach Möglichkeiten, seinen Unterricht so zu organisieren, dass er wenig reden und rufen musste. Er lernte den belgischen Lehrer und Reformpädagogen Ovide Decroly kennen und übernahm von ihm die Technik der Schuldruckerei. Auch mit den deutschen und schweizerischen Reformpädagogen Hermann Lietz, Peter Petersen, Paul Geheeb, Adolphe Ferrière, Georg Kerschensteiner setzte er sich in Verbindung und lernte sie persönlich kennen. Zudem las er die Werke von Marx, Engels und Lenin.

Er unternahm Lehrausgänge mit seinen Schülern und Schülerinnen zum Zweck der Erforschung der Natur und des Handwerkergewerbes des Dorfes, regte sie an, darüber mündlich und schriftlich zu berichten. Er lehrte die Kinder, die eigenen Texte zu korrigieren, zu illustrieren, zu drucken. Die Texte wurden zu einer Klassenzeitung gebunden und verkauft. Er schaute, dass sich die Kinder in kleinen Gruppen organisierten und zusammenarbeiteten. Die ganze Klasse wurde wie ein selbstverwalteter Betrieb, wie eine Kooperative, geführt. Die Kinder konnten über die Arbeitsverteilung und die Inhalte der Klassenzeitung weitgehend mitentscheiden. Um das Lesen und Schreiben zu fördern, trat Freinet mit Partnerklassen in Verbindung, die mit seinen Schülerinnen und Schülern Briefe wechselten. Um über das Schulzimmer hinaus wirken zu können, gründeten Freinet und seine Anhänger Arbeitsgruppen, die in einer Föderation zusammengefasst wurden. Die Freinet-Lehrer treffen sich zu jährlichen Kongressen.[254]

Die institutionelle Psychotherapie geht auf *François Tosquelles* zurück, einem katalanischen Psychiater mit psychoanalytischer Ausbildung, der im psychiatrischen Spital von Saint-Alban vor dem Franco-Regime Zuflucht gesucht hatte. Von Hermann Simon übernahm er die Idee, dass man die psychiatrische Institution und die Kranken gleichzeitig pflegen müsse, von *Jacques Lacan* (1901-1981) das psychoanalytische Verständnis der Psychose. »Was der Psychotiker erzählt, macht Sinn, man muss sich jedoch die Mittel aneignen, ihn zu verstehen und Orte schaffen, wo er sich mitteilen

---

[254] Vgl. Jörg, 1981.

kann. Von da her ist es wichtig, Begegnungen zu ermöglichen, den Austausch zu fördern und Versammlungen zu organisieren, wo dem Wort der Pflegenden und Gepflegten Gewicht gegeben wird.«[255]

Dem Spital war eine Kinderabteilung mit Schule angegliedert. Tosquelles gewann die Mitarbeit der Lehrer, um die Schule nach den Prinzipien der Selbstverwaltung einzurichten. Die Kinder begannen, nach Freinets Vorbild Arbeitsgruppen zu bilden, um eine Schülerzeitung zu drucken. Diesem Beispiel folgend, führte der Psychiater *Jean Oury*, der 1947 zu Tosquelles stieß, auch in der psychiatrischen Erwachsenenabteilung die Druckerpresse ein, mit der Wirkung, dass die Patienten begannen, Texte zu schreiben, sie sich vorzulesen und zu besprechen und sie in einer eigenen Zeitung zu drucken. So kehrte die Selbstverwaltung in die Erwachsenenpsychiatrie ein. Die Patienten konnten sich in therapeutischen Clubs treffen, anlässlich von Versammlungen über die Organisation der Tätigkeiten in der Klinik mitbestimmen. »Damit war eine neue therapeutische Praxis geboren, die sich ganz und gar auf dem Respekt des Kranken und seiner Anerkennung als Subjekt gründet, die potentielle Quelle der Initiative und Verantwortung.«[256] 1953 gründete Jean Oury in demselben Geist die »Clinique de la Borde«.

Fernand Oury, der mit seinem Bruder Jean in ständigem fachlichem Austausch stand, wurde 1939 Lehrer. 1949 schloss er sich der Freinet-Bewegung an und erlernte die sog. Freinet-Techniken, wie den Lehrausgang, das Verfassen eigener, freier Texte durch die Schüler, das Drucken einer Klassenzeitung, die Ämter, die Lernkartei, die Briefkorrespondenz mit Partnerklassen usw. und begann sie in seiner Klasse in Nanterre einzusetzen. Er machte eine Analyse bei Lacan.

Da die Handlungen, die mit diesen Techniken verbunden sind, die Zusammenarbeit der Schülerinnen und Schüler und somit Planung, Organisation und Besprechung der Arbeitsschritte benötigen, wird der Klassenrat zu einer entscheidenden Institution. In ihm wird nicht nur die Qualität der verfassten Texte, sonder auch die Mitarbeit der Kinder von den Kindern

---

[255] Imbert, 2010, S. 199; Imbert zitiert hier Jean Ayme.
[256] Ebenda, S. 202.

selbst beurteilt. So ergibt sich eine durch die Gruppe vermittelte Kommunikation des Lehrers mit den einzelnen Schülern, die die Übertragung negativer Gefühle auf den Lehrer vermeiden oder vermindern hilft. Da es zu den Aufgaben der Klasse gehört, jedes Kind in die Klassengemeinschaft aufzunehmen, gelingt dieser Pädagogik sogar die Integration von Kindern mit Verhaltensproblemen. Ein »schwieriges« Kind nimmt die Hilfe eines Kameraden oft besser an als von einem Erwachsenen. Dem Lehrer fällt die Aufgabe zu, den Schülern bei der Konfliktbewältigung zu helfen.

Den Namen »Institutionelle Pädagogik« hatte Jean Oury 1958 dieser neuen Schulpädagogik in Anlehnung an die Institutionelle Psychotherapie verliehen. Die Besonderheit der »IP« liegt darin, dass Fernand Oury die Freinet-Techniken weiterentwickelte. Er ergänzte sie um ein wichtiges Redegefäß, in dem die Kinder persönliche Schwierigkeiten äußern können, wenn sie das wünschen (»Was gibt es Neues?« – »Quoi de neuf?«) und um eine Abstufung von Kompetenzen in Verhaltens- und Lernniveaus, die den Stärkeklassen der Judogürtel nachgebildet sind. Die Begriffe der Psychoanalyse und der Gruppendynamik halfen ihm, die Wirkungsweise der neuen Pädagogik zu erklären und mit Hilfe von Aïda Vasquez, einer venezolanischen Psychologin, darzustellen: *Vers une pédagogie institutionnelle?* heißt das Gründungsbuch der Institutionellen Pädagogik, das 1967 erschienen ist. Es enthält sechs sog. »Monografien«, Fallbeschreibungen geglückter Integrationen von Kindern mit psychischen und sozialen Schwierigkeiten. In einem der theoretischen Abschnitte wird auf Zulliger und seine »Psychoanalyse in der Schule« eingegangen.

Das eigentlich Neue, ja Revolutionäre der IP ist, dass durch die Mitbestimmung bei der Unterrichtsgestaltung durch die Kinder das Milieu der Kinder selbst erzieherisch auf den Einzelnen wirkt und weniger das Handeln der Lehrperson.[257] Diese legt die Rahmenbedingungen fest, innerhalb derer die Kinder einander die Arbeitsgänge beibringen und die auftretenden Konflikte in gemeinsamer Aussprache lösen können. In der Regel wird in altersdurchmischten Klassen unterrichtet.

Die Institutionelle Pädagogik wurde zu einer Bewegung von mehreren

---

[257] Vgl. dazu Cifali/Imbert oben und Laplace, 2008, S. 22.

hundert Lehrern und Lehrerinnen in Frankreich, die dem Beispiel Ourys folgten.[258]

Viele Lehrpersonen der Institutionellen Pädagogik haben sich in Arbeitsgruppen zusammengeschlossen, um sich gegenseitig weiterzubilden und zu unterstützen. Eine dieser IP-Gruppen, »Groupe de Recherche en Pédagogie Institutionnelle« (GRPI; »Forschungsgruppe der Institutionellen Pädagogik«), wurde 1990 in Seine-Saint-Denis gegründet. Sie wurde und wird von *Francis Imbert* als psychoanalytischem Supervisor begleitet.

Imbert (geb. 1942) studierte Philosophie, schloss 1966 mit dem Gymnasiallehrerdiplom für dieses Fach ab und war in der Lehrerinnen- und Lehrerausbildung als Dozent für pädagogische Psychologie tätig, zuerst in Châteauroux (bis 1976), dann im Lehrerinnen- und Lehrer-Seminar in Livry-Gargan (Seine-Saint-Denis), schließlich am Universitätsinstitut für Lehrerausbildung in Créteil. Er ließ sich berufsbegleitend in Institutioneller Pädagogik, Psychosoziologie, Balint-Supervisionsmethode und Psychoanalyse ausbilden. Er schrieb eine Doktorarbeit über die klinische Methode in der Pädagogik. Sowohl in der Grund- wie in der Weiterbildung von Lehrpersonen bot er Balint-Gruppen und Kurse in Institutioneller Pädagogik an, wobei in diesen letzteren Monografien (pädagogische Fallbeschreibungen) gelesen und geschrieben wurden. Aus einer Arbeitsgruppe von Lehrpersonen, die sowohl am Balint- wie am Monografie-Kurs teilnahmen, entstand die GRPI, mit der Imbert seither zusammenarbeitet, um Texte zu veröffentlichen.

Er hat mit ihr mehrere Bücher zur Institutionellen Pädagogik geschrieben, in denen ausführlich dargestellte Fallbeispiele aus der pädagogischen Praxis mit psychoanalytischen Begriffen erklärt werden. Dabei gewinnt die pädagogische Praxis ihre theoretische Orientierung, die Psychoanalyse eine anschauliche Interpretation ihrer Fachsprache.[259]

---

[258] Raymond Bénévent hat eine Geschichte der *Institutionellen Pädagogik* geschrieben, die auch die Beziehungen zwischen dieser und der Institutionellen Psychotherapie aufzeigt. Sie wird nächstens erscheinen. Vgl. auch Martin/Meirieu/Pain, 2009.

[259] Vgl. Imbert et le Groupe de Recherche en Pédagogie Institutionnelle, 1994, 1996, 1997, Dissertation: Imbert, 1992.

Die Schule von La Neuville, die von der Kinderanalytikerin *Françoise Dolto* (1908-1988) beraten wurde, gehört ebenfalls zur Institutionellen Pädagogik.[260]

Dolto ist außerdem die Gründerin der Maison verte, einer Begegnungsstätte von Müttern und ihren Kleinkindern in der Stadt.[261] Sie hielt Vorträge, auch im Rundfunk, über Erziehung von Kindern und Jugendlichen aus psychoanalytischer Sicht.[262]

Maud Mannoni (1923-1998), eine Psychoanalytikerin aus Belgien, die sich in Paris niedergelassen und eine Analyse bei Lacan gemacht hatte, gründete 1969 in Bonneuil-sur-Marne eine experimentelle Schule für psychotische und geistig zurückgebliebene Kinder und Jugendliche auf psychoanalytischer Grundlage. Eine »zersprengte« Institution wie die Bonneuil-Schule soll den Kindern Geborgenheit und Rückzug ermöglichen, aber sie soll sie nicht in eine von der Gesellschaft definierten Diagnose einschließen, die ihre Entfaltungsmöglichkeiten behindert. Daher können die Kinder und Jugendlichen von Bonneuil immer wieder Praktika auf dem Land, bei Handwerkern oder Bauern machen, wo sie mit Menschen zu tun haben, die ihnen unvoreingenommen begegnen. Unter diesen Bedingungen zeigen sich erstaunliche und unerwartete Entwicklungen.[263]

Jacques Lévine (1923-2008) war wissenschaftlicher Mitarbeiter des Entwicklungspsychologen Henri Wallon (1879-1962). Er ließ sich zum Psychoanalytiker ausbilden. Als ihn 1973 eine Lehrerin um Hilfe bat, weil sie mit einem Kind ihrer Klasse nicht zurecht kam, beschloss er, Balint-Supervisionsgruppen für pädagogische Fachleute anzubieten. Bald leitete er mehrere in Paris und Umgebung. Am Collège International de psychanalyse et d'anthropologie entwickelte er eine anschauliche Fachsprache, die von Lehrpersonen und Psychoanalytikern verstanden werden kann. Als Beispiel erwähne ich den Begriff des »dreipoligen Hörens« (»écoute tripolaire«), einer Fähigkeit, die sich die Lehrperson erwerben soll, um

---

[260] Vgl. D'Ortoli/Amram, 1990.
[261] Vgl. Dolto, 1985.
[262] Vgl. Buhmann, 1997.
[263] Vgl. Vanier, 2001; vgl. Mannoni, 1976, Roedel, 1986, Buhmann, 1990.

die negative Übertragung des Kindes besser annehmen zu können. In einer Überforderungssituation überträgt das Kind sein in der Vergangenheit erworbenes, der Situation unangemessenes Problemlösungsverhalten auf den Lehrer. Gelingt es diesem, das störende Verhalten als Reaktion auf eine in der Vergangenheit erfolgte Verletzung zu verstehen, die zwar bei aktuellem Anlass ausgelöst wird, aber einen älteren Ursprung hat, kann er die Störung aushalten und nach derjenigen kooperativen Verhaltensweise des Kindes suchen, die von der Verletzung nicht betroffen ist. Das öffnet die Tür für neue Entwicklungen.[264]

1993 gründete Lévine mit Freunden, die nach seinem Vorbild supervisorisch mit Lehrern und Lehrerinnen arbeiteten, die Vereinigung, L'Association des Groupes de Soutien au Soutien, abgekürzt AGSAS. Sie macht die in den Beratungen gesammelten Erfahrungen in einer jährlichen Tagung und in einer Zeitschrift bekannt und treibt die Forschung und Ausbildung im Austausch mit anderen Fachleuten voran.[265] Aus dieser interdisziplinären Arbeit gingen die Philosophie- und die Psychologiewerkstatt für Kinder und Jugendliche hervor. Sie helfen dem Kind, seinen Platz in der Gemeinschaft der Gleichaltrigen und Erwachsenen zu finden und eine »Person von Welt« zu werden, d. h. eine seiner sozialen Verantwortung bewusste, selbständig denkende, rücksichtsvoll handelnde Persönlichkeit.

Mit Michel Devalay schrieb Lévine eine psychoanalytische Anthropologie für die Schule.[266]

Nachfolgerin Lévines in der Präsidentschaft der AGSAS wurde Jeanne Moll (cf. unten), im Jahr 2010 folgte ihr Maryse Métra.

Die AGSAS bietet Ausbildungen für die Animation von Balint-Gruppen und Philosophie- und Psychologie-Werkstätten nach Lévine an.

Mireille Cifali Bega (geb. Lecoultre, 1946), Historikerin, Psychoanalytikerin und Erziehungswissenschaftlerin, veröffentlichte 1982 ein Buch zur Auseinandersetzung Freuds mit der Pädagogik, *Freud pédagogue?*, das

---

[264] Vgl. Beaume, 2009.
[265] Vgl. Lévine/Moll, 2001; zu den Balint-Gruppen vgl. auch Lévine/Moll, 2009.
[266] Zur Philosophie- und Psychologie-Werkstatt vgl. Lévine, 2008; zur Anthropologie vgl. Lévine/Devalay, 2003.

aus ihrer Dissertation hervorgegangen war. Sie erhielt 1986 eine Professur in Erziehungswissenschaften an der Universität Genf zum Thema »Beiträge der psychoanalytischen Theorien zur Pädagogik«, welche sie bis 2010 innehatte. Sie gab Vorlesungen zur Geschichte der Psychoanalyse in ihrem Verhältnis zur Pädagogik und war in der universitären Lehrerinnen- und Lehrerbildung tätig. Sie leitete Arbeitsgruppen von angehenden Lehrpersonen, die über ihre ersten Erfahrungen mit dem Unterrichten in schriftlichen Berichten Rechenschaft ablegten, welche vorgelesen und unter den Teilnehmern besprochen wurden. Die Praxisberatung geschah somit über schriftliche Berichte und verband Fallanalyse mit Arbeit am Text. Daraus ergeben sich einige Vorteile: Die Niederschrift der Erfahrung dient dazu, sich des eigenen emotionalen Erlebens bewusst zu werden und sich davor zu schützen, die sich in belastenden Situationen einstellenden Gefühle zu verdrängen. Das Schreiben und das damit verbundene Nachdenken über das Geschehene schult die Sensibilität in einem Beruf, wo das Einfühlungsvermögen in die anderen, in die Schülerinnen und Schüler, von herausragender Bedeutung ist. Aus dieser fallbezogenen Arbeit mit Studentinnen und Studenten entstanden zwei Bücher, das erste über die Bindung in der Erziehung, *Le lien éducatif: contre-jour psychanalytique* (1994), das zweite zu Erfahrungsberichten von Lehrpersonen, mit Bessa Myftiu: *Dialogues et récits d'éducation sur la différence* (2006).

Bereits 1985 hatte Cifali mit ihrer ersten wissenschaftlichen Mitarbeiterin Jeanne Moll 19 auf Französisch übersetzte Artikel aus der *Zeitschrift für psychoanalytische Pädagogik* herausgegeben. 2007 folgte ein Buch mit Alain André über das Schreiben im beruflichen Zusammenhang *Ecrire l'expérience*. Cifali gilt als Vertreterin einer »klinischen« Vorgehensweise in der Pädagogik. Das ist eine Forschungsrichtung, die sich am Einzelfall beruflicher Begegnungen orientiert und subjektiv-narratives Schreiben mit wissenschaftlicher Forschung zu verbinden versucht.

Ein weiteres ihrer Interessensgebiete war die Geschichte der Psychoanalyse in der Schweiz.[267]

---

[267] Vgl. Cifali, 1982, Cifali, 1994, Cifali/Myftiu, 2006, Cifali/Moll,1985, Cifali/Giust-Desprairies, 2006, Cifali/André, 2007.

Jeanne Moll (geb. 1935) ließ sich in Fontenay-aux-Roses zur Gymnasiallehrerin für deutsche Sprache und Literatur ausbilden und unterrichtete Deutsch an Gymnasien in Mülhausen, Brüssel und Baden-Baden. Sie begann 1979 in Genf ein Zusatzstudium in Erziehungswissenschaften. Nach Abschluss desselben wurde sie Assistentin bei Mireille Cifali und promovierte bei ihr über die Geschichte der psychoanalytischen Pädagogik.[268] Sie erhielt 1989 einen Lehrauftrag in Geschichte der Pädagogik an der Universität Strassburg und arbeitete von 1991 bis 2000 am Universitätsinstitut für Lehrerausbildung in derselben Stadt. Sie gab Vorlesungen zum Thema Psychoanalyse und Erziehung. Von 1989 bis 2003 erfüllte sie einen Lehrauftrag an der Universität in Aosta in Erziehungswissenschaften. 1989 lernte sie Jacques Lévine kennen und ließ sich bei ihm in der Durchführung von Balint-Gruppen ausbilden. Seit der Gründung der AGSAS im Jahr 1993 (cf. oben) leitet sie Balint-Gruppen für Lehrpersonen nach J. Lévine, wurde Vizepräsidentin, Präsidentin, schrieb und schreibt Artikel für *Je est un autre,* die Zeitschrift des Vereins. Inzwischen ist sie Chefredakteurin derselben.[269] Sie hielt mehrere Vorträge in Deutschland, Frankreich und Portugal zum Verhältnis von Psychoanalyse und Pädagogik, insbesondere Reformpädagogik, und veröffentlichte Artikel zu diesem und anderen Themen.[270] Eines ihrer Anliegen ist, dass die Schule den Kindern und Jugendlichen den Zugang zur künstlerischen Ausdrucksweise öffnet, sei es durch Besuch von Konzerten, Theateraufführungen und Ausstellungen, sei es durch den Unterricht in der Schule. Sie verweist dabei auf die engen Beziehungen zwischen künstlerischer Kreativität und Unbewusstem.[271]

---

[268] Moll 1989.
[269] Vgl. Allain, 2012; die Zeitschrift der AGSAS heißt gleich wie das Buch von Lévine/Moll, 2001.
[270] Vgl. z. B. Moll, 1990, 1997.
[271] Das Jahreskolloquium 2010 widmete sich diesem Thema, vgl. die Zeitschrift der AGSAS *Je est un autre,* 2011.

Entwicklungslinien der psychoanalytischen Pädagogik

Diese Aufzeichnung früherer und aktueller Beispiele der psychoanalytischen Pädagogik erhebt keinen Anspruch auf Vollständigkeit. Sie soll vor Augen führen, in welch vielfältiger Weise eine Anwendung der Psychoanalyse außerhalb ihres angestammten Bereichs einer Psychotherapie der Neurosen im pädagogischen Gebiet möglich war und ist.

Es lassen sich grundsätzlich vier Entwicklungslinien aufzeigen:

1. Anwendung in der Schulpädagogik der Regelschule: Bei normalen Kindern zur Behebung gelegentlich auftretender neurotischer Symptome oder Verhaltensstörungen und um die Integrationsfähigkeit einer Klasse zu erhöhen. Hier beginnt die Genealogie bei Oskar Pfister und Hans Zulliger in der Schweiz, bei Siegfried Bernfeld und Anna Freud in Wien. Zulliger schrieb 1936 einen Artikel, *Über eine Lücke in der psychoanalytischen Pädagogik*, in der er seine Pädagogik der Gemeinschaftsbildung in der Schule auf psychoanalytischer Grundlage darlegte.[272] 1961 ließ er diesen ersten Ausführungen das Buch *Horde, Bande, Gemeinschaft* zu demselben Thema folgen.[273]

Diese frühen Anregungen zu eine psychoanalytischen Schulpädagogik wurden meines Erachtens am innovativsten in der Institutionellen Pädagogik in Frankreich von Fernand Oury aufgegriffen.

Zur selben Entwicklungslinie gehört die Vermittlung der Psychoanalyse in der Lehrer- und Lehrerinnenausbildung und in der psychoanalytischen Praxisberatung oder Supervision für pädagogische Berufe. Erstere beginnt mit dem Seminarunterricht Pfisters und Schneiders und geht bis zur universitären Lehrer- und Lehrerinnenausbildung mit Cifali in Genf, Imbert in Créteil, Moll in Straßburg und mit einigen anderen. Für letztere sind Bernfeld und Meng frühe Vertreter, die Groupes de Soutien au Soutien (Balint-Gruppen für pädagogische Berufe) Jacques Lévines jüngere Beispiele.

2. Anwendung in der Heil- und Sonderpädagogik: Hier wäre Meng als frühes Beispiel zu nennen, Aloys Leber, Günther Bittner, Evelyn Heine-

---

[272] Zulliger, 1936.
[273] Vgl. Zulliger, 1961.

mann und Hans Hopf in neuerer Zeit. Damit ist die Anwendung in verschiedenen sonderpädagogischen Diensten und Institutionen gemeint, z. B. in der Sonderschule für verhaltensauffällige Kinder, in der Beratung von Eltern behinderter Kinder oder von Erzieherinnen im therapeutischen Heim, usw.

3. Anwendung in der Sozialarbeit und Sozialpädagogik: Hier geht die Entwicklungslinie von August Aichhorn aus, der mit dissozialen und verwahrlosten Kindern und Jugendlichen stationär und ambulant gearbeitet hat. Eine Ausweitung ergab sich durch die Arbeit Redls mit sehr aggressiven Jugendlichen im Pioneer House in Detroit, durch Bettelheims milieutherapeutische Behandlung psychotischer und autistischer Kinder an der Orthogenic School in Chicago und Eksteins Psychotherapie von Grenzfall-Kindern in der Southard Scool der Menninger Foundation in Topeka.

Von den USA wirkten sie auf Europa zurück, wo die Anregungen an den Universitäten durch Professuren in Sozialpädagogik und Sozialwissenschaften, z. B. durch Reinhard Fatke, Burkhard Müller (Hildesheim), Hilde Kipp (Kassel) und anderen weitergegeben wurden.

Stephan Becker setzte sie in der Betreuung von Kindern und jungen Menschen mit schwerwiegenden Entwicklungs- und Persönlichkeitsstörungen im Verein für psychoanalytische Sozialarbeit in Rottenburg und Tübingen um.

Vereinsgründungen psychoanalytischer Sozialarbeit in anderen Städten (Hamburg, Berlin, Zürich, usw.) folgten nach.

4. Anwendung in der Erziehungsberatung von Eltern: Hier beginnt die Linie bei Aichhorn, Zulliger, Meng. Wilfried Datler, Helmut Figdor, Johannes Gstach sind die Herausgeber eines 1999 erschienenen Buches mit dem Untertitel *Psychoanalytisch-pädagogische Erziehungsberatung heute*. In ihm wird neben den genannten Personen an eine andere Tradition angeknüpft, die bisher nicht zur Sprache gekommen ist: an die enge Verbindung der Individualpsychologie Alfred Adlers mit der Pädagogik.[274]

---

[274] Vgl. Datler/Figdor/Gstach (Hrsg.), 1999.

Beat Manz

Orte des helfenden Gesprächs

Zusammen nachdenken, unter Rahmenbedingungen, die Sicherheit garantieren, ermöglicht, dass Solidarität entsteht.[275]
(Mireille Cifali Bega)

Freud begrüßte das Interesse der schnell anwachsenden Zahl von Lehrerinnen und Lehrern an der neuen Wissenschaft zu Beginn des letzten Jahrhunderts. Er war bereit, diesen auch rechtlich die Möglichkeit zu eröffnen, analytisch arbeiten zu können. Seinem Einsatz für die Laienanalyse war ein Teilerfolg beschieden. Zwar wurden einige Leute mit pädagogischer Grundausbildung zu Mitgliedern psychoanalytischer Vereinigungen: Die prominentesten Vertreter waren Aichhorn, Anna Freud und Zulliger. Aber bis heute ist die Ausübung der Analyse in den meisten Ländern Ärzten und, mit ärztlicher Überweisung, Psychologen vorbehalten (jedenfalls dann, wenn sie als Therapie von den Krankenkassen bezahlt werden soll).

Freud war der Ansicht, Kindergärtnerinnen, Lehrer und Lehrerinnen wären geeignet, wegen ihrer Erfahrungen im Umgang mit Kindern und Jugendlichen Analysen mit diesen durchführen zu können.

Er hatte aber noch einen anderen Grund, die Mitarbeit der Pädagogen in der psychoanalytischen Bewegung zu wünschen: Er wollte verhindern, dass die Analyse auf eine Heilmethode in den Händen der Ärzte eingeschränkt werde.

Aus demselben Grund nahm er auch Anteil an der Entwicklung der »analytischen Seelsorge« von Pfarrer Pfister. Allerdings befürchtete er, dass die Analyse von den Geistlichen genauso instrumentalisiert werden könnte wie von den Ärzten, wie er Pfister in einem Brief nach Erscheinen der religionskritischen Schrift *Die Zukunft einer Illusion* mitteilte: »Ich weiß nicht, ob Sie das geheime Band zwischen der ›Laienanalyse‹ und der ›Illusion‹ erraten haben. In der ersten will ich die Analyse vor den Ärzten, in der zweiten vor den Priestern schützen.«[276]

---

[275] In: Bossard, 2010, S. 204.
[276] Freud/Pfister, 1963, S. 136.

Fühlte er sich veranlasst, die Psychoanalyse auch vor den Pädagogen schützen zu müssen? Er hob die Unterschiede der beiden Disziplinen stets hervor, vertrat ein hilfreiches Nebeneinander derselben, was die meisten psychoanalytischen Pädagogen respektierten. Daher unterstütze er die Anwendung der Psychoanalyse auf die Pädagogik im Allgemeinen wohlwollend. Trotzdem hatte er Vorbehalte gegenüber der »massenpsychologischen Anwendung« der Psychoanalyse auf den Schulunterricht eines Zulligers, wie wir in diesem Buch von Cifali und Imbert erfahren haben. Wir könnten mit den beiden Autoren kritisch anmerken, dass Zulliger, insofern er die Identifizierung der Schülerinnen und Schüler mit dem Ich-Ideal des Lehrers fördern wollte, sich zwar in die pädagogischen Tradition eines Fröbels stellte, der gesagt hatte: »Erziehung ist Liebe und Vorbild, sonst nichts«. Damit aber verfehlte er das eigentliche Anliegen der Psychoanalyse, die den Analysanden bei der Suche nach der Wahrheit seines eigenen Begehrens unterstützt und ihm hilft, eine allzu enge Bindung an idealisierte Vorbilder zu lösen.

Und dennoch scheint mir Zulligers Frage, wie die Gruppe der Klasse – oder die Gruppe von Jugendlichen in einem Heim – dahin gebracht werden kann, die Persönlichkeitsentwicklung und die Zugehörigkeit zur Gruppengemeinschaft eines jeden zu fördern, von großer Wichtigkeit zu sein.

Wie kann das »Milieu«, die Gruppe der Kinder und Jugendlichen selbst, in der diese sich aufhalten, und die Institutionen, in denen sie erzogen und unterrichtet werden, eine entwicklungsförderliche Aufgabe übernehmen, d. h. sie dabei unterstützen, ein selbständiger, sozial verantwortlich handelnder Mensch zu werden?

Die neueren psychoanalytischen Pädagogen haben verschiedene Antworten auf sie gefunden:

Bettelheim erfand die »Milieutherapie«, der Verein für psychoanalytische Sozialarbeit das Konzept der vier Orte, die mit dem Jugendlichen gesucht und gemäß seinen Bedürfnissen eingerichtet werden sollen, die Institutionelle Pädagogik die »Institutionen«, wie den Klassenrat für die Organisation der Arbeit und Schlichtung der Konflikte, und das Gesprächsgefäß »Was gibt's Neues?« für die Sorgen und Nöte des Alltagslebens. Je mehr sich die Kinder und Jugendlichen an der Gestaltung des Unterrichts und des Zusammenlebens in der Klasse beteiligen können, desto mehr gewinnt diese eine sie integrierende und ihre Entwicklung fördernde Funktion.

Wichtig scheint mir auch der Gedanke zu sein, der aus der Institutionellen Psychotherapie stammt, dass eine psychiatrische Institution sich selber »pflegen« muss, damit sie die Patienten pflegen kann. Auf die Schule übertragen heißt das: Die Lehrerinnen und Lehrer brauchen einen Ort, wo sie sich von ihren Belastungen erholen können, wo sie die Solidarität ihrer Kolleginnen und Kollegen erfahren, wo diese ihnen helfen zu verstehen, was schief gelaufen ist, wo nach Lösungen der erlittenen Konflikte gesucht wird statt nach Schuldigen. Dasselbe gilt für die Sozialpädagogen eines therapeutischen Heims oder für Sozialarbeiter, Psychologen und Therapeutinnen eines ambulanten Dienstes, die regelmäßig mit schwierigen Aufgaben im Umgang mit Menschen konfrontiert sind.

Um sie zu unterstützen, hat sich die Balint-Gruppenarbeit für pädagogische Fachleute bewährt, die Supervision mit einem pädagogisch erfahrenen Psychoanalytiker oder mit einem psychoanalytisch ausgebildeten Sozialarbeiter, Pädagogen oder Psychologen, oder die analytische Praxisberatung, in der analytisch ausgebildete Fachleute über das Gespräch oder über den schriftlichen Bericht der Betroffenen zu klären versuchen, aus welchen oft unbewussten Gründen ein ungelöster Konflikt entstehen konnte und wie er zu lösen ist.

Ich danke Monika Mager, Max Röthlisberger, Nora-Leonie Jankovic und meiner Frau Marianne für die Durchsicht der Texte.

Bibliografie

AGSAS (2011): *Je est un au autre. Art, culture et humanité dans le creuset de l'école.* Luneray.

Aichhorn, Thomas (1994): *August Aichhorn.* In: Frischenschlager, Oskar (Hrsg.), S. 65-71.

Aichhorn, August (1925): *Verwahrloste Jugend.* Bern, Huber, 1965.

Aichhorn, August (1959): *Erziehungsberatung und Erziehungshilfe.* Bern, Huber.

Allain, Françoise (2012): *Entretien avec Jeanne Moll.* Cliopsy, 7, S. 119-139.

Arbeitshefte Kinderpsychoanalyse (1990). Nr. 11/12. Kassel, Gesamthochschule.

Arbeitshefte Kinderpsychoanalyse (1991). Nr. 14. Kassel, Gesamthochschule.

Ash, Mitchell G. (2012): *Materialien zur Geschichte der Psychoanalyse in Wien 1938-1945.* Frankfurt a. M., Brandes & Apsel.

Badertscher, Hans/Grunder, Hans-Ulrich (Hrsg.) (1997): *Geschichte der Erziehung und Schule in der Schweiz im 19. und 20. Jahrhundert.* Bern u. a., Haupt.

Beaume, Nicole (2009): *La boîte à outils de Jacques Lévine.* In: Le Coq-Héron, Nr. 199, Paris, S. 91-98.

Berna, Jacques (1995): *Heinrich Meng.* In: Fatke, Reinhard/Scarbath, Horst (Hrsg.), S. 31-36.

Bernfeld, Siegfried (1925): *Sisyphos oder die Grenzen der Erziehung.* Frankfurt a. M., Suhrkamp, 1972.

Bernfeld, Siegfried (1921): *Kinderheim Baumgarten – Bericht über einen ernsthaften Versuch mit neuer Erziehung.* In: Bernfeld, Siegfried (1974), S. 94-215.

Bernfeld, Siegfried (1974): *Antiautoritäre Erziehung und Psychoanalyse. Ausgewählte Schriften, Band 1.* Frankfurt a. M., Berlin und Wien, Ullstein.

Bettelheim, Bruno (1970): *Liebe allein genügt nicht. Die Erziehung emotional gestörter Kinder.* Stuttgart, Klett (amerikanisches Original 1950).

Bittner, Günther (1967): *Psychoanalyse und soziale Erziehung.* München, Juventa.

Bittner, Günther/Rehm, Willy (1964): *Psychoanalyse und Erziehung.* Bern und Stuttgart, Huber.

Bittner, Günther/Ertle, Christoph (1985): *Pädagogik und Psychoanalyse.* Würzburg, Königshausen und Neumann.

Bley, Simone (2010): *Felix Schottlaender. Leben und Werk.* Frankfurt a. M., Brandes & Apsel.

Bohleber, Werner (1986): *Zur Geschichte der Psychoanalyse in Stuttgart.* In: Psyche, Zeitschrift für Psychoanalyse, 5/86. Stuttgart, Klett, S. 377-411.

Bossard, Louis-Marie (2010): *Entretien avec Mireille Cifali.* In: Myftiou, Bessa (sous la direction de), S. 192-218.

Buhmann, Christiane (1990): *Bonneuil – ein Ort zum Leben für Kinder in Schwierigkeiten.* In: Arbeitshefte Kinderpsychoanalyse, 1990, Nr. 11/12, S. 9-28.

Buhmann, Christiane (1997): *Kind – Körper – Subjekt. Therapie, Erziehung und Prävention im Werk von Françoise Dolto.* Gießen, Psychosozial.

Burlingham, Dorothy/Freud, Anna (1949): *Kriegskinder.* London, Imago Publishing.

Burlingham, Dorothy/Freud, Anna (1950): *Anstaltskinder.* London, Imago Publishing.

Cifali, Mireille (1982): *Freud pédagogue? Psychanalyse et éducation.* Paris, Inter-Editions.

Cifali, Mireille/Moll, Jeanne (1985): *Pédagogie et psychanalyse.* Paris, Bordas (Neuauflage bei Harmattan).

Cifali, Mireille (1994): *Le lien éducatif: contre-jour psychanalytique.* Paris, PUF.

Cifali, Mireille/Myftiu, Bessa (2006): *Dialogues et récits d'éducation sur la différence.* Nice, Éditions Les Paradigmes.

Cifali, Mireille/Giust-Desprairies, Florence (sous la direction de) (2006): *De la clinique. Un engagement pour la formation et la recherche.* Bruxelles, De Boeck et Larcier.

Cifali, Mireille/André, Alain (2007): *Ecrire l'expérience. Vers la reconnaissance des pratiques professionnelles.* Paris, PUF.

Datler, Wilfried u. a. (Hrsg.) (1999): *Die Wiederentdeckung der Freude am Kind. Psychoanalytisch-pädagogische Erziehungsberatung heute.* Gießen, Psychosozial.

Dictionnaire de la Psychanalyse (2001). Paris, Encyclopaedia Universalis et Albin Michel, 2. Auflage.

Dolto, Françoise (1985): *La cause des enfants*. Paris, Editions Robert Laffont.

D'Ortoli, Fabienne/Amram, Michel (1990): *L'école avec Françoise Dolto*. Paris, Hatier.

Erich, Theresia (1993): *Siegfried Bernfeld, ein früher Vertreter der Psychoanalytischen Pädagogik*. In: Psychosozial, 1993, Nr. 53, S. 94-102.

Fatke, Reinhard (1995): *Fritz Redl*. In: Fatke, Reinhard/Scarbath, Horst (Hrsg.), S. 83-107.

Fatke, Reinhard/Scarbath, Horst (Hrsg.) (1995): *Pioniere Psychoanalytischer Pädagogik*. Frankfurt a. M., Peter Lang.

Federn, Ernst (1990): *Pädagogik und Psychoanalyse*. In: Hasenclever, Wolf-Dieter (Hrsg.), S. 43-48.

Federn, Ernst (1993): *Zur Geschichte der Psychoanalytischen Pädagogik*. In: Psychosozial, 1993, Nr. 53, S. 70-77.

Ferenczi, Sandor (1908): *Psychoanalyse und Pädagogik*. In: Ferenczi, Sandor (1982): *Schriften zur Psychoanalyse, Band 1*. Frankfurt a. M., Fischer.

Freinet, Elise (1981): *Erziehung ohne Zwang. Der Weg Célestin Freinets*. Stuttgart, Klett. (Franz. Original 1977, 1. Auflage im DTV, München 1985).

Freud, Anna (1927): *Einführung in die Technik der Kinderanalyse*. München und Basel, Ernst Reinhardt, 1966.

Freud, Anna (1930): *Einführung in die Psychoanalyse für Pädagogen*. Stuttgart und Leipzig, Hippokrates.

Freud, Anna (1968): *Wege und Irrwege in der Kinderentwicklung*. Stuttgart, Klett (engl. Original 1965).

Freud, Anna/Aichhorn, August (2012): *Die Psychoanalyse kann nur dort gedeihen, wo Freiheit des Gedankens herrscht. Briefwechsel 1921-1949*. Herausgegeben und kommentiert von Thomas Aichhorn. Frankfurt a. M., Brandes & Apsel.

Frischenschlager, Oskar (Hrsg.) (1994): *Wien, wo sonst! Die Entstehung der Psychoanalyse und ihrer Schulen*. Wien u. a., Böhlau.

Füchtner, Hans (1979): *Einführung in die psychoanalytische Pädagogik*. Frankfurt a. M. und New York, Campus.

Göppel, Rolf (1995): *Bruno Bettelheim*. In: Fatke, Reinhard/Scarbath, Horst (Hrsg.), S. 109-127.

Günter, Michael/Bruns, Georg (2010): *Psychoanalytische Sozialarbeit*. Stuttgart, Klett-Cotta.

Hasenclever, Wolf-Dieter (Hrsg.) (1990): *Pädagogik und Psychoanalyse*. Frankfurt a. M., Peter Lang.

Heinemann, Evelyn/Hopf, Hans (Hrsg.) (2010): *Psychoanalytische Pädagogik. Theorien, Methoden, Fallbeispiele*. Stuttgart, Kohlhammer.

Imbert, Francis (1992): *Vers une clinique du pédagogique*. Vigneux, Editions Matrice.

Imbert, Francis et le Groupe de Recherche en Pédagogie Institutionnelle (1994): *Médiations, institutions et loi dans la classe*. Paris, ESF éditeur.

Imbert, Francis et le Groupe de Recherche en Pédagogie Institutionnelle (1996): *L'inconscient dans la classe*. Paris, ESF éditeur.

Imbert, Francis et le Groupe de Recherche en Pédagogie Institutionnelle (1997): *Vivre ensemble, un enjeu pour l'école*. ESF éditeur.

Imbert, Francis (2010): *Vocabulaire pour la Pédagogie Institutionnelle*. Vigneux, Matrice éditions.

Jörg, Hans (1981): *Das Leben und Wirken Freinets und seine Beziehungen zur deutschen Pädagogik*. In: Freinet, Elise, S. 170-188.

Journal für Psychoanalyse (2010). 30. Jahrgang, Nr. 51. Zürich, Seismo.

Kasser, Werner (Hrsg.) (1963): *Hans Zulliger. Eine Biografie und Würdigungen seines Wirkens*. Bern und Stuttgart, Huber.

Kaufhold, Roland (1993a): *Rudolf Ekstein: »...und meine Arbeit geht weiter«*. In: Psychosozial, 1993, Nr. 53, S. 45-53.

Kaufhold, Roland (1993b): *Ernst Federn: Die Bewältigung des Unfassbaren*. In: Psychosozial, 1993, Nr. 53, S. 57-69.

Laplace, Claude (2008): *Pratiquer les conseils d'élèves et les assemblées de classes*. Lyon, Chroniques sociales.

Leber, Aloys/Gerspach, Manfred (1996): *Geschichte der Psychoanalytischen Pädagogik in Frankfurt a. M*. In: Plänkers, Thomas u. a. (Hrsg.) (1996), S. 489-541.

Leber, Aloys u. a. (1989): *Krisen im Kindergarten. Psychoanalytische Beratung in pädagogischen Institutionen*. Frankfurt a. M., Fischer.

Le Coq-Héron (2009). 199, *Psychanalyse et éducation. De l'utopie aux expériences*. Paris, érès.

Leupold-Löwenthal, Harald (1994): *Anna Freud.* In: Frischenschlager, Oskar (Hrsg.), S. 115-122.

Leuthard, Esther (2010): *Verein für psychoanalytische Sozialarbeit, vpsz.* In: Journal für Psychoanalyse, Nr. 51, S. 27-38.

Lévine, Jacques/Moll, Jeanne (2001): *Je est un autre. Pour un dialogue pédagogie-psychanalyse.* Issy-les-Moulineaux, ESF éditeur.

Lévine, Jacques/Devalay, Michel (2003): *Pour une anthropologie des savoirs scolaires.* Issy-les-Moulineaux, ESF-éditeur.

Lévine, Jacques (2008): *L'enfant philosophe, avenir de l'humanité?* Ateliers AG-SAS de réflexion sur la condition humaine (ARCH). Issy-les-Moulineaux, ESF éditeur.

Lévine, Jacques/Moll, Jeanne (2009): *Prévenir les souffrances d'école. Pratique du soutien au soutien.* Issy-les-Moulineaux, ESF éditeur.

Mannoni, Maud (1976): *Un lieu pour vivre.* Paris, Editions du Seuil.

Martin, Lucien u. a. (2009): *La pédagogie Institutionnelle de Fernand Oury.* Vigneux, Matrice éditions.

Meng, Heinrich u. a. (1951): *Praxis der Kinder- und Jugendpsychologie.* Bern, Huber.

Meng, Heinrich (1959): *August Aichhorns Weg.* In: Aichhorn, August (1959), S. 183-188.

Meng, Heinrich (1964): *Geleitwort.* In: Bittner, Günther/Rehm, Willy, S. 7-9.

Meng, Heinrich (1971): *Leben als Begegnung.* Stuttgart, Hippokrates.

Meng, Heinrich (Hrsg.) (1973a): *Psychoanalytische Pädagogik des Kleinkindes.* München und Basel, Ernst Reinhardt.

Meng, Heinrich (Hrsg.) (1973b): *Psychoanalytische Pädagogik des Schulkindes.* München und Basel, Ernst Reinhardt.

Moll, Jeanne (1989): *La pédagogie psychanalytique. Origine et histoire.* Paris, Bordas.

Moll, Jeanne (1990): *Berührungspunkte und Trennungslinien zwischen der Reformpädagogik und der Psychoanalyse in den zwanziger Jahren – Überlegungen für heute anhand einiger Quellentexte von gestern.* In: Hasenclever, Wolf-Dieter (Hrsg.), S. 49-67.

Moll, Jeanne (1997): *Psychoanalytische Diskussion im Wiener Kreis um Freud. Das Interesse der Pädagogik an der Psychoanalyse.* In: Badertscher, Hans/ Grunder, Hans-Ulrich (Hrsg.), 1997, S. 127-163.

Müller, Peter W. (1993): *Kinderseele zwischen Analyse und Erziehung. Zur Auseinandersetzung der Psychoanalyse mit der Pädagogik.* Zürich, Pro Juventute.

Myftiu, Bessa (sous la direction de) (2010): *Le bonheur est subjectif.* Nice, les éditions Ovadia.

Oury, Fernand/Vasquez, Aïda (1967): *Vers une pédagogie institutionnelle.* Vigneux, Editions Matrice, 1993.

Perner, Achim (1991): *Psychoanalyse und Pädagogik.* In: Arbeitshefte Kinderpsychoanalyse 14/91, S. 23-35.

Perner, Achim (2010): *»Vielleicht wird einmal ein amerikanischer Millionär...« Zur Geschichte der psychoanalytischen Sozialarbeit.* In: Journal für Psychoanalyse (2010) 51, S. 9-26.

Plänkers, Thomas (1996): *Hygiene der Seele. Heinrich Meng (1887-1972).* In: Plänkers, Thomas u. a. (Hrsg.) (1996) S. 109-140.

Plänkers, Thomas u. a. (Hrsg.) (1996): *Psychoanalyse in Frankfurt a. M.* Tübingen, Edition Diskord.

Pfister, Oskar (1913): *Die psychanalytische Methode.* Leipzig und Berlin, Klinkhardt.

Pfister, Oskar (1917): *Was bietet die Psychanalyse dem Erzieher?* Leipzig, Klinkhardt.

Psychosozial (1993). Nr. 53, Schwerpunktthema: *Pioniere der Psychoanalytischen Pädagogik*, Gießen, Psychosozial.

Redl, Fritz (1971): *Erziehung schwieriger Kinder.* München, Piper (Amerikanische Originalausgabe 1966, Neuausgabe 1987).

Redl, Fritz/Winemann, David (1976): *Steuerung des aggressiven Verhaltens beim Kind.* München, Piper, 1990 (amerikanische Originalausgabe 1952).

Redl, Fritz/Winemann, David (1979): *Kinder, die hassen.* München und Zürich, Piper, zit. nach der 4. Auflage, 1990 (amerikanische Originalausgabe 1951).

Rehm, Willy (1968): *Die psychoanalytische Erziehungslehre.* München, Piper.

Bibliografie

Roedel, Judith (1986): *Das heilpädagogische Experiment Bonneuil und die Psychoanalyse in Frankreich.* Eschborn bei Frankfurt a. M., Fachbuchhandlung für Psychologie – Verlagsabteilung.

Salber, Wilhelm (1985): *Anna Freud.* Reinbek bei Hamburg, Rowohlt.

Schmidt, Wera (1923): *Die äußeren Schicksale des Kinderheim-Laboratoriums.* In: Schmidt, Wera u. a., S. 3-16.

Schmidt, Wera u. a. (o. A.): *Antiautoritäre Erziehung und Kinderanalyse.* Hamburg u. a. (Raubdruck).

Vanier, Alain (2001): *Mannoni, Maud (1923-1998).* In: Dictionnaire de la Psychanalyse, S. 474-475.

Weber, Kaspar (1999): *»Es geht ein mächtiges Sehnen durch unsere Zeit«. Reformbestrebungen der Jahrhundertwende und Rezeption der Psychoanalyse am Beispiel der Biografie von Ernst Schneider 1878-1957.* Bern u. a., Lang.

Wegner, Thomas (1995): *August Aichhorn.* In: Fatke, Reinhard/Scarbath, Horst (Hrsg.), S. 17-30.

Wittels, Fritz (1927): *Die Befreiung des Kindes.* Stuttgart, Hippokrates.

Zulliger, Hans (1921): *Psychanalytische Erfahrungen aus der Volksschulpraxis.* Bern und Leipzig, Ernst Bircher.

Zulliger, Hans (1936): *Über eine Lücke in der psychoanalytischen Pädagogik.* In: Zeitschrift für psychoanalytische Pädagogik. Wien, Internationaler psychoanalytischer Verlag, X. Jahrgang, Heft 6, S. 337-359.

Zulliger, Hans (1952): *Heilende Kräfte im kindlichen Spiel.* Stuttgart, Klett.

Zulliger, Hans (1953): *Umgang mit dem kindlichen Gewissen.* Stuttgart, Klett.

Zulliger, Hans (1961): *Horde, Bande, Gemeinschaft.* Stuttgart, Klett.

Brandes & Apsel

Der Frankfurter Verlag für Psychoanalyse

Anna Freud /
August Aichhorn
»Die Psychoanalyse kann nur dort gedeihen, wo Freiheit des Gedankens herrscht«
Briefwechsel 1921 – 1949
Herausgegeben und eingeleitet
von Thomas Aichhorn

556 S., geb., € 39,90
ISBN 978-3-86099-899-1

Anna Freud und August Aichhorn lernten einander auf der Grundlage eines gemeinsamen Interesses kennen: der Absicht, psychoanalytische Erkenntnisse in der Arbeit mit Kindern und Jugendlichen anzuwenden und so die Psychoanalytische Pädagogik und die Kinderpsychoanalyse zu entwickeln. Eine Brief-Edition, die an Sorgfalt und Kenntnisreichtum keine Wünsche offen lässt und zwei Pionieren der Psychoanalyse Gestalt verleiht.

»(...) sowohl eine Art Doppelbiographie von Anna Freud und August Aichhorn als auch eine gelehrte Geschichte der psychoanalytischen Pädagogik, die ein großer Reichtum an Materialien wie unveröffentlichte Briefe, Dokumente und Photographien auszeichnet.«
(Patrick Bühler für H-Soz-u-Kult)

**Der Frankfurter Verlag
für Psychoanalyse**

Gisela Wiegand

Frühe Gefühlsverhältnisse

Lehrbuch
der psychoanalytischen
Entwicklungstheorie
der Unter-3-Jährigen

In diesem Lehrbuch erklärt Wiegand die Grundzüge psychoanalytischer Entwicklungstheorie, stellt wichtige Forscherpersönlichkeiten vor und gibt eine Einführung in deren Werke.

Ergebnisse der Kleinkindforschung von ihren Anfängen bis in die Gegenwart werden übersichtlich dargestellt, die besondere Form der Interaktion von Kleinkindern mit ihrer Umwelt erläutert. Beispiele aus dem Arbeitsalltag von Kinderpsychotherapeuten und Erziehern ergänzen den Band.

168 S., Pb., € 15,90
ISBN 978-3-86099-933-2

Bitte fordern Sie auch unseren Psychoanalysekatalog an: Brandes & Apsel Verlag
Scheidswaldstr. 22 • 60385 Frankfurt/M. • info@brandes-apsel.de • www.brandes-apsel-verlag.de